Johanna Friedl

Heute spiel'n wir mal allein!

Spiel- und Bastelanregungen zur
Selbstbeschäftigung für drinnen und draußen
– ein Ideenbuch für Eltern und ErzieherInnen

Illustrationen: Katrin Priestersbach

Ökotopia Verlag, Münster

Impressum

Autorin: Johanna Friedl

Illustrationen: Katrin Priestersbach

Satz: Druckvorstufe Hennes Wegmann, Münster

ISBN: 3-936286-15-9

© 2003 Ökotopia Verlag, Münster

1   2   3   4   5   6   7   ·   09   08   07   06   05   04   03

Inhalt

Mir ist sooo langweilig! 4

Kleine Buch-Führung 6

Heute spiel'n wir mal allein! 8
Allein spielen – nicht einsam sein 8
Ausdauer und Motivation 9
Selbstwahrnehmung 11
Selbstständigkeit 12

Auf in die Praxis 14
Ene mene dubladene 14
Auszählen 14
Losen und Ziehen 16
Gruppen bilden 18

Schritt für Schritt 20
Suchspiele 20
Spiele mit dem Körper 23
Farbspiele 27
Papierspiele 30

Beliebte Gruppenspiele 33

Toben und Turnen 41

Spielzeug –
kunterbunt und selbst gemacht 51

Im Haus und unterwegs 64
Sprachspielereien 69
*Pausenspiele
– schnell mal zwischendurch* 75

Spiele im Freien 80
Kurze Spiele für jeden Tag 80
Für heiße Sommertage 86
In Schnee und Eis 90

Anhang 92
Spiele-Register 92
Die Autorin 94

Mir ist sooo langweilig!

"Mir ist sooo langweilig, was soll ich bloß tun?" Die meisten ErzieherInnen und Eltern fürchten diese Frage und lassen sich einiges einfallen, um erst gar keine Langeweile aufkommen zu lassen: Da wird gemeinsam gespielt und vorgelesen, es werden Krabbel-, Turn- und Schwimmkurse besucht oder zusätzliche Töpfer- und Musik-AG's eingerichtet, und sinken die Erwachsenen schließlich vom Hin- und Herfahren, Planen und Organisieren erschöpft aufs Sofa, müssen Fernseher oder Computer als „elektronische Babysitter" herhalten.

Aber auch das perfekteste Zeitmanagement bringt immer wieder Situationen mit sich, in denen Kinder sich selbst beschäftigen müssen: Etwa wenn der beste Freund unerwartet keine Zeit zum Spielen hat, die Mutter länger arbeiten muss als geplant, die ErzieherInnen im Kiga ein wichtiges Eltern-Gespräch führen müssen oder ein anderes Kind verstärkt Zuwendung oder zusätzliche Hilfestellung braucht. Manche Kinder kommen damit nur schwer zurecht und wissen in einer solchen Situation nichts mit sich anzufangen – sie langweilen sich und hängen sich an die Erwachsenen in der Erwartung, beschäftigt zu werden.

Um so schwerer fällt es Erwachsenen, Kindern nicht nur zu sagen: *„Ich habe jetzt keine Zeit für dich!"*, sondern: *„Ich brauche etwas Zeit für* mich." Viele leben mit dem Anspruchsdenken, immer für Kinder da sein zu müssen. Sie fühlen sich ständig dafür verantwortlich, dass sie sich sinnvoll beschäftigen und es fällt ihnen schwer zuzusehen, wenn Kinder scheinbar untätig herumsitzen.

Gerade Eltern vergessen oft, *regelmäßig* eigene Wünsche und Bedürfnisse anzumelden. Sie opfern sie für ihre Kinder, was mit der Zeit unweigerlich zu Missmut und Überforderung führt und sich negativ auf die Eltern-Kind-Beziehung auswirkt.

Die Güte dieser Beziehung lässt sich jedoch nicht daran messen, wie viel Zeit Eltern und Kinder miteinander verbringen, vielmehr gilt auch hier der Grundsatz: Qualität geht vor Quantität! Lieber stellen Eltern ihrem Kind etwas weniger Zeit zur Verfügung, die sie intensiv nutzen und die dem Kind ganz und ohne Einschränkungen und Unterbrechungen gehört, als ihm großzügig alle Zeit zu widmen und dann bei jeder Gelegenheit wegzulaufen, um ans Telefon zu gehen, in einer Zeitschrift zu blättern oder andere Dinge „nebenbei" zu tun.

Das permanente „Entertaining" von Kindern hilft also weder Situationen gänzlich zu vermeiden, in denen Kinder sich selbst beschäftigen müssen, noch stellt es die Betreuenden auf Dauer zufrieden – und übri-gens auch nicht die Kinder: PsychologInnen wissen, dass ein Zuviel an Fürsorge ebenso häufig Ursache für Entwicklungsprobleme ist wie ein Zuwenig an Zuwendung. Kinder brauchen regelmäßig die Möglichkeit, sich eigenständig im Spiel zu entfalten, unabhängig davon, ob eine Betreuungsperson für sie da ist oder nicht. Nur so können sie auf Dauer lernen, eigene Bedürfnisse wahrzunehmen und sie (spielerisch) umzusetzen. Sie entwickeln Ausdauer und steigern ihre Konzentrationsfähigkeit, wenn sie sich aus eigener Motivation heraus beschäftigen und sich selbst Ziele setzen.

Diese Fähigkeiten benötigen Kinder ebenso im gemeinsamen freien Spiel mit Freunden in Nachbarschaft oder Kindergruppe, wenn es nicht an Anregungen und Ideen fehlen soll. Hier lernen sie zudem, eigene Wünsche und Vorstellungen mit denen anderer Kinder selbstständig ohne Hilfestellung von außen in Einklang zu bringen.

Ich möchte Ihnen mit diesem Buch Anregungen an die Hand geben, eine Art Ideenbörse, auf die Sie jederzeit zurückgreifen können und die es Ihnen ermöglicht, Kinder Schritt für Schritt an eine eigenständige Beschäftigung heranzuführen.

Nun wünsche ich allen viel Spaß beim Spielen und Ausprobieren und Kindern, Eltern und ErzieherInnen ein wenig Zeit für sich!

Kleine Buch-Führung

Von „*Mir ist sooo langweilig ...*" hin zu „*Heute spiel'n wir mal allein!*" – kann das überhaupt funktionieren?!

Es kann, aber weder von selbst noch von heute auf morgen. Deshalb spreche ich mit dem Kapitel **„Heute spiel'n wir mal allein!"** einige wesentliche Voraussetzungen an, die erfüllt sein müssen, damit Kinder überhaupt in die Lage kommen, sich allein zu beschäftigen. Welche grundlegenden Fähigkeiten sind dafür nötig und wie können sie gefördert werden?

Im **Praxisteil** steige ich mit dem Kapitel **„Ene mene dubladene"** ein. Hier nehme ich die veränderten Bedingungen in den Blick, die sich aus dem Zusammenspiel mehrerer Kinder ohne Betreuungsperson ergeben: Es gilt, sich zu einigen, wer beginnt, wer mit wem zusammenspielt oder in welcher Reihenfolge gespielt wird.

Im Kapitel **„Schritt für Schritt"** finden Sie kleine Spiele und Tipps, mit denen Sie Kinder zum Alleinspielen anleiten können. Dazu gehören erste Spielanregungen für ganz kurze, eigenständige Beschäftigungen für sehr kleine Kinder, aber auch Ideen für ältere Kinder, die ungern allein spielen.

Im folgenden Kapitel **„Beliebte Gruppenspiele"** finden sich viele Spielideen, die fast jeder kennt und für die es deshalb kaum einer Erklärung oder Hilfestellung durch Erwachsene bedarf. Oft können sie durch leichte Abwandlungen ebenso gut von einem Kind allein gespielt werden.

In **allen weiteren Kapiteln** habe ich Spiele für unterschiedliche Gelegenheiten zusammengefasst, die ein Kind ganz allein umsetzen kann, etwa zu Hause, als „Pausenfüller" beim Arzt oder in Selbstbeschäftigungsphasen in Kiga und Schule. Außerdem finden Sie Spielanregungen für zwei oder mehrere sowohl gleichaltrige Kinder wie auch Kinder unterschiedlichen Alters, wie sie sich häufig in Hort und Kiga oder in der Verwandtschaft, bei Familienfesten und in der Nachbarschaft zusammenfinden.

Alte und neue Spielideen sind grundsätzlich bunt gemischt. Viele Spiele sind so **variiert**, dass sie **sowohl von einem Kind allein als auch mit mehreren Kindern zusammen** durchzuführen sind, sodass Sie die Spiele ganz Ihren Bedürfnissen entsprechend einsetzen können. Damit Sie sich schnell orientieren können, finden Sie neben Spielen oder Varianten für einzelne Kinder das Symbol:

Bei Spielen, die nur von mehreren Kindern gemeinsam umgesetzt werden können, finden Sie das Symbol:

Für manche Spielanregungen in diesem Buch benötigen die Kinder (meist wenig) **Spielmaterial**, für viele Spiele kommen sie aber ganz ohne Materialien aus, sodass sich die meisten Spiele leicht zwischendurch spielen lassen, weil nur wenig Vorbereitung nötig ist.

Die **Altersangaben** dienen nur als Anhaltspunkt, weil es gerade beim selbstständigen Spielen sehr vom individuellen Entwicklungsstand der einzelnen Kinder und von ihrer Gewöhnung an eigenständiges Spiel abhängt, ob sie tatsächlich schon allein zurecht kommen und Spaß an einer Beschäftigung finden. Bei den Varianten für mehrere Kinder können häufig auch schon jüngere Kinder mitspielen, wenn ältere Kinder sie unterstützen und ihnen helfen.

Bei den **Spielvorbereitungen** kann es manchmal notwendig sein, jüngeren Kindern zur Hand zu gehen oder sie zu beaufsichtigen. Das hängt davon ab, wie gut ein Kind schon daran gewöhnt ist, selbstständig z.B. mit Werkzeug zu hantieren oder mit bestimmten Materialien umzugehen.

Und sollte sich schließlich einmal ein Spiel hartnäckig zwischen den Seiten verstecken und partout nicht mehr aufzufinden sein – ein Blick ins **Register** genügt.

Heute spiel'n wir mal allein!

Allein spielen – nicht einsam sein

Wenn ein Kind noch sehr klein ist, erscheint es selbstverständlich, es ständig zu umsorgen und sich viel mit ihm zu beschäftigen. Viele Kinder fordern deutlich die ständige Anwesenheit der Bezugsperson. Sobald sie sich abwendet, wird das Kleinkind unruhig und beginnt schon bald lautstark zu protestieren. Das verleitet viele Erwachsene, sich dauernd mit dem Kind zu beschäftigen. Oft würde dem Kind wahrscheinlich die einfache Anwesenheit der Sicherheit bietenden Betreuungsperson genügen – es würde reichen, sich im Blickfeld des Kindes aufzuhalten und ab und zu mit ihm zu reden. Das Kind fühlt sich umsorgt und sicher und kann sich getrost auf die ersten Spiele z.B. mit den eigenen Händen und Füßen einlassen.

Doch selbst wenn das Kind tatsächlich die Geborgenheit ganz eng am Körper der Bezugsperson sucht, kann es schon sehr früh erfahren, dass Geborgenheit nicht gleich-zusetzen ist mit uneingeschränkter, grenzenloser Zuwendung im wahrsten Sinne des Wortes. Ein Kind etwa, das bei seiner Mutter im Tragetuch liegt, während sie ihrer Arbeit nachgeht, bekommt vermittelt: *„Ich bin für dich da, auch wenn ich mich nicht direkt mit dir beschäftige."* Genau dieses Wissen ist eine wichtige Voraussetzung für die Fähigkeit, allein zu spielen. So können schon ganz kleine Kinder gezielt dazu angeregt werden, sich allein zu beschäftigen, wenn sie die Sicherheit haben, dass jederzeit jemand für sie da ist, wenn sie ihn brauchen. Leider wird uns oft erst bei älteren Kindern bewusst, dass sie sich nicht ohne Bezugsperson beschäftigen können. Kinder, die nicht allein spielen, können aber behutsam dazu angeleitet werden.

Dazu ist es zunächst einmal wichtig, ihnen zu vermitteln, dass „allein spielen" nicht gleichzusetzen ist mit „einsam",

„verlassen" oder sogar „ungeliebt" sein. Das kann am Anfang eine besonders **intensive Beschäftigung mit dem Kind** notwendig machen: Wir spielen so ausdauernd mit dem Kind, bis es gewissermaßen „gesättigt" ist und **regen** es danach **an**, sich **für kurze Zeit selbstständig zu beschäftigen**.

Das kann praktisch so aussehen: Der Betreuende bastelt gemeinsam mit dem Kind eine Berg-und-Tal-Bahn (s. S. 55). Beide lassen sich viel Zeit dafür. Schließlich kündigt der Betreuende dem Kind an: „*Wir starten zusammen eine Probefahrt und wenn alles gut funktioniert, kannst du die Bahn eine Weile ohne mich fahren lassen, während ich hier im Raum die Blumen gieße. Du kannst das sehr gut. Ich bin in deiner Nähe wenn du mich brauchst. Nachher spiele ich wieder mit.*" Als Hilfestellung kann zusätzlich ein Küchenwecker gestellt werden, das macht für das Kind den Zeitraum überschaubar. Wichtig ist, das Kind nicht allein im Raum zurückzulassen und ihm **Hilfe für den Notfall** anzubieten.

Sind Geschwister oder im Kiga andere Kinder während der intensiven gemeinsamen Beschäftigungsphase in der Nähe, gesellen sich meist von ganz allein schon bald weitere Kinder dazu. Hier gilt es, dem einzelnen Kind trotzdem genügend Aufmerksamkeit zukommen zu lassen und sich rechtzeitig aus dem Spiel zurückzuziehen. Häufig will das Kind sein Spiel dann ebenfalls beenden und dem Erwachsenen folgen, deshalb ist es wichtig, hier **klare Aussagen** zu treffen, z.B.: „*Ich habe jetzt noch etwas allein zu tun. Du kannst ohne mich (mit den anderen Kindern) weiterspielen, während ich das Mittagessen vorbereite. Später gehen wir gemeinsam in den Garten.*" Der Zeitraum des Alleinspielens muss auch hier überschaubar bleiben.

Ausdauer und Motivation

Wenn wir einem Kind Spielanregungen geben, mit dem Ziel, es zu einer eigenständigen Beschäftigung hinzuführen, müssen wir besonders darauf achten, die **Beschäftigung dem Alter und den Fähigkeiten des Kindes entsprechend auszusuchen**. Wählen Sie nur Spiel- und Beschäftigungsanregungen aus, von denen Sie meinen, das Kind kann sie sicher allein bewerkstelligen. Wenn ein Spiel oder eine Aufgabe zu schwierig ist, wird das Kind schnell das Interesse und die Freude am

Alleinspielen verlieren und sich erneut frustriert an Sie wenden.

Ein Kind, das nicht ans Alleinspielen gewöhnt ist, braucht **kurze und einfache Spiel- und Beschäftigungsangebote**. Der **Schwierigkeitsgrad** wird mit der Zeit **langsam gesteigert**. So hat das Kind **Erfolgserlebnisse**, die seine **Motivation stärken** und ihm Mut machen, sich allein zu betätigen. Versuchen Sie zunächst regelmäßig, kurze Zeiten zu überbrücken. So bleibt für das Kind die Zeit überschaubar, in der es allein spielen soll. Das kann so aussehen: *„Kannst du den Luftballon so lange in der Luft halten, bis ich mein Telefonat beendet habe? Wie oft berührt er den Boden, während ich spreche? Wie viele Purzelbäume schaffst du, bis ich den Tisch für die Gruppe gedeckt habe? Wie viele T's findest du auf dieser Zeitungsseite, bis ich mit Maria die Hausaufgaben durchgesehen habe?"*

Besonders **Wettspiele für einzelne Kinder** (etwa gegen die Uhr) eignen sich dazu und haben einen positiven Nebeneffekt: Kinder, die sich nicht viel zutrauen und deshalb Wettspiele mit anderen Kindern scheuen, messen sich mit sich selbst. Sie finden Spaß an einer Beschäftigung und erproben ihre Fähigkeiten oder ihre Geschicklichkeit. Sie erleben dabei, wie sie sich steigern, wie sie etwa immer schneller oder geschickter werden und entwickeln so **Selbstvertrauen und Sicherheit ohne Leistungsdruck**. Wenn mehrere Kinder miteinander spielen, sollte der Wettbewerb im Hintergrund stehen. Ich habe oft beobachtet, wie Kinder, die ohne den Eifer und die Anfeuerungen der Erwachsenen spielen, viel mehr Spaß an einer Sache haben und dadurch Wettspiele keineswegs zu „Wettkämpfen" werden.

Die gerade bei Wettspielen mit jeder Runde stattfindenden **Wiederholungen** langweilen Kinder dabei nicht, sondern geben ihnen die Möglichkeit **auf Bewährtes zurückzugreifen** – das macht sie sicher und selbstbewusst und **fördert** ihre **Eigenständigkeit**.

Vielleicht möchten Sie die **Motivation** allein zu spielen **erhöhen**, indem Sie dem Kind **im Anschluss an ein „Einzel-Spiel" wieder ein gemeinsames Spiel anbieten**. Gelegentlich können Sie einem Kind auch eine kleine **Belohnung** anbieten, wenn es alle Lösungen gefunden, eine Aufgabe erfüllt, eine bestimmte Punktzahl erreicht oder sich selbst übertroffen hat.

Selbstwahrnehmung

Manchmal sind Kinder durchaus bereit und in der Lage, sich selbstständig zu beschäftigen, und doch bleiben sie nie lange bei einer gerade begonnen Aktion. Möglicherweise fällt es dem Kind schwer, seine momentane Verfassung richtig einzuschätzen: Bin ich aufgedreht und möchte mich richtig austoben – oder bin ich aufgeregt und möchte mich endlich beruhigen? Bin ich voller Tatkraft und Unternehmungslust, tut mir Aktion, lebhaftes Spiel und Bewegung gut – oder möchte ich zur Ruhe kommen, mich entspannen, abschalten? Habe ich selbst Lust zu einer Beschäftigung – oder spiele ich nur mit, weil mein bester Freund mitspielt ...

Eine **realistische Selbsteinschätzung beruht** zum großen Teil **auf Erfahrung**, und diese kann und soll ein Kind selbst machen. Erwachsene müssen diese **Erfahrungen zulassen**, auch wenn das bedeutet, dass das Kind beispielsweise eine gerade begonnene Bastelarbeit wieder abbricht und etwas anderes beginnt. Das muss nicht unbedingt mit mangelnder Ausdauer zu tun haben, sondern kann die Folge einer falschen Selbsteinschätzung sein: Das Kind findet keine innere Ruhe zum Basteln, weil es vielleicht schon den ganzen Vormittag gesessen hat und nun lieber zum Toben nach draußen geht.

Greifen wir sofort ein und bereden es, besser das einmal Angefangene zu Ende zu führen, übergehen wir seine korrigierte Selbsteinschätzung und verhindern dadurch die Sensibilisierung für eigene Gefühle und Stimmungen. Nehmen wir darauf Rücksicht und sprechen mit Kindern über diese Erfahrungen, können sie **bewusster erlebt** und leichter erinnert werden.

Oft fordern uns aber gerade gelangweilte Kinder mit der Frage: *„Mir ist so langweilig, was soll ich bloß machen?"* dazu heraus, ihnen großartige Beschäftigungsprogramme anzubieten. Aber Achtung – dadurch berauben wir Kinder nicht nur der Möglichkeit, ihre eigene momentane Stimmungslage zu erforschen, sondern auch neue Ideen zu entwickeln und Langeweile schöpferisch zu nutzen. Kinder brauchen Zeit dafür! Wir helfen ihnen darin, indem wir ihre Frage nicht als Aufforderung an uns verstehen ihnen Angebote zu machen, sondern teilnehmend zurückfragen: *„Wonach ist dir denn zu Mute? Wie fühlst du dich, bist du eher müde oder unternehmungslustig ...?"*

Dadurch unterstützen und **ermutigen** wir Kinder mit **gezielten Impulsen**, ihre **eigene Stimmung** zu **erforschen**, sie ernst zu nehmen und **im Spiel umzusetzen**.

Häufig genügt schon ein kleiner Anstoß, der die Verfassung des Kindes berücksichtigt, und es beginnt ein Spiel, in das es sich mehr und mehr vertieft. Die Langeweile ist wie weggeblasen und es findet einen Weg, sich intensiv und ausdauernd zu beschäftigen.

Je mehr Kinder lernen, die eigenen Stimmungen realistisch einzuschätzen, umso schneller wird auch das Empfinden *„Mir ist sooo langweilig!"* seinen Schrecken für Eltern, ErzieherInnen, LehrerInnen und Kinder verlieren.

Selbstständigkeit

Kinder, die selbstständig spielen sollen, müssen auch selbstständig sein. Die Selbstständigkeit eines Kindes wächst dabei mit dem selber Tun: Ein Kind, das sich in der Obhut eines Erwachsenen viel bewegt, klettert, balanciert, ohne ständig von der Hand des Betreuers gestützt und gehalten zu werden, entwickelt ein **Gefühl für Gefahren**. Es kann seine **Fähigkeiten realistisch einschätzen** und unterliegt dadurch weniger dem Risiko, sich selbst oder eine Situation völlig falsch einzuschätzen und sich dadurch zu gefährden. Ein Kind, das gelernt hat mit einer Schere umzugehen, sie richtig zu tragen und damit zu hantieren, wird sich und andere damit nicht gefährden.

Damit die Hinführung zum Alleinspielen vor diesem Hintergrund nicht von vornherein zum Scheitern verurteilt ist, müssen wir uns verschiedene Fragen stellen:

Ist ein Kind daran gewöhnt, sich alles bringen zu lassen oder sein Material zugeteilt zu bekommen – oder kann es eigenverantwortlich und selbstständig Material oder Spielzeug holen und wieder – wenigstens einigermaßen ordentlich – wegräumen? Hat es freien Zugang zu Spielzeug und Bastelmaterial, oder kann es an vieles gar nicht selbstständig herankommen? Hier gilt es, sich selbstkritisch zu hinterfragen, damit die **Selbstständigkeit nicht unnötig eingeschränkt, sondern schrittweise erweitert** wird.

Damit Kinder insbesondere im gestalterischen Bereich selbstständig kreativ werden können, sollten wir folgenden Grundsatz beachten: Der Weg ist das Ziel! Das bedeutet möglichst gar keine oder nur **wenig Hilfestellung** und setzt voraus, dass die Auswahl der Techniken dem Alter und

Selbstständigkeit

Entwicklungsstand der Kinder entspricht. So können sie alles oder möglichst viel selbst tun, ohne durch Misserfolge entmutigt zu werden.

Kinder sind sehr stolz auf die Ergebnisse ihrer Bemühungen, gerade dann, wenn sie mit dem, was sie selbst geschaffen haben, auch noch spielen oder anderen eine Freude machen können. Wir schaffen wichtige Voraussetzungen für die Entfaltung der kindlichen Kreativität, wenn es uns gelingt, Kindern nicht vorschnell Lösungsvorschläge zu unterbreiten, sollten sie selbst nicht weiterkommen, und wenn wir auch dann nicht Hand anlegen, wenn wir meinen, dass ein Werk nach wenigen Handgriffen unsererseits viel schöner aussehen würde.

Eigenständige Beschäftigung können wir nur erwarten, wenn wir Kindern auch **Selbstständigkeit zutrauen.**

Ene mene dubladene

Auf in die Praxis

 Ene mene dubladene

Wenn Kinder allein spielen, entbrennt nicht selten eine heftige Diskussion darüber, wer anfangen darf, wer in eine bestimmte Rolle schlüpfen soll oder wer vor die Tür gehen muss. Hier können verschiedenen Methoden, denen meist das Zufallsprinzip zu Grunde liegt, sehr hilfreich sein. Manche davon sind so witzig und spannend, dass sie selbst schon wieder kleine Spiele sind. Alle Ideen in diesem Kapitel wenden sich an mehrere Kinder, manche wie angegeben nur an zwei Kinder, alle anderen an beliebig viele.

Auszählen

Manchen der folgenden Abzählreime kennen wir noch aus eigenen Kindertagen. Sie erfreuen sich auch heute noch großer Beliebtheit. Es gibt unzählige überlieferte Abzählreime und immer wieder entstehen neue – meist handelt es sich um witzige Sprachspielereien. Zu jeder Silbe wird reihum auf eines der Kinder gezeigt. Das Kind, auf das bei der letzten Silbe des Spruchs gezeigt wird, scheidet aus oder wird SpielführerIn.

Mäuse, Flöh' und Wanzen

Mäuse, Flöh' und Wanzen,
alle können tanzen.
Du und ich, wir können lachen,
über viele dumme Sachen.
Aber einer, seht ihn an –
der ist jetzt als Erster dran.

Die Lieblingskuh

Meine bunte Lieblingskuh
macht andauernd: muh-muh-muh.
Wenn ich sie laut rufe,
klatscht sie in die Hufe.
Jeder kennt die
Lieblingskuh,
denn die Lieblingskuh
bist – du!

Fideritz und Fideratz

überliefert

Fideritz und Fideratz,
die Maus ist kein Spatz,
der Spatz ist keine Maus
und du bist raus.

Ene mene dubladene

überliefert

Ene mene dubladene,
ene mene maja,
magga magga sensia,
bia bia buff.

Rüben kochen

überliefert

Eins, zwei, drei, vier, fünf, sechs, sieben,
eine alte Frau kocht Rüben.
Eine alte Frau kocht Speck
und du bist weg!

Pi-Pa-Purzelbaum

Pi-Pa-Purzelbaum,
Mama hatte einen Traum
von einem dicken Mann
und du bist dran.

Ene mene dubladene

Losen und Ziehen

Karten ziehen

Alter: ab 3 Jahren
Material: 1 Körbchen o. ä. Behälter, 1 Spielkarte pro Kind

Die Karten werden verdeckt in das Körbchen gelegt. Die Kinder vereinbaren, welche der Karten die entscheidende Karte sein soll – wer diese Karte zieht, scheidet aus oder beginnt mit dem Spiel.

Steinreich

Alter: ab 3 Jahren
Anzahl: 2 Kinder
Material: 1 kleiner Stein

Ein Kind versteckt in seiner geschlossenen Faust einen kleinen Stein. Das andere Kind darf zwischen den beiden Fäusten wählen. Tippt es auf die leere Faust, hat es Pech gehabt – das andere Kind darf beginnen. Hat es die Faust mit dem Stein erwischt, fängt es selbst an.

Knobeln

Alter: ab 5 Jahren
Anzahl: 2 Kinder

Zwei Kinder stehen einander gegenüber und halten eine Hand hinter den Rücken. Nun sprechen beide: *„Knobel, knobel, eins, zwei, drei"* und zeigen gleichzeitig ihre Hände. Die Hände können eine **Schere** bilden, indem Zeige- und Mittelfinger gespreizt werden; die flache Hand stellt **Papier** dar und eine Faust ist ein **Stein**.

Dadurch entstehen verschiedene Kombinationen:

- **Schere und Papier:** Schere schneidet Papier und gewinnt.
- **Stein und Schere:** Der Stein besiegt die Schere, weil der Stein die Schere schleifen kann.
- **Papier und Stein:** Weil Papier den Stein umwickeln kann, gewinnt Papier.

Es wird immer dreimal geknobelt. Jeder Sieg bringt einen Punkt und wer die meisten Punkte hat, gewinnt.

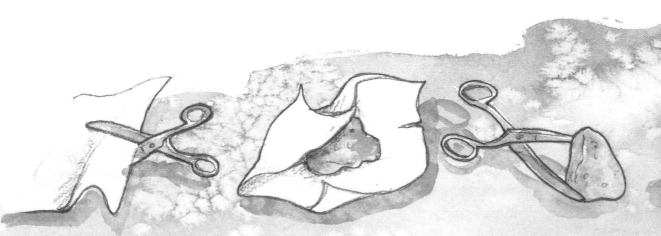

Variante

Die Kinder stehen einander gegenüber und ballen die Hand zur Faust. Ein Kind entscheidet sich für „gerade", das andere Kind für „ungerade". Sie zählen gemeinsam bis drei und strecken gleichzeitig beliebig viele Finger einer Hand aus.

Ergeben die ausgestreckten Finger zusammen eine gerade Zahl, hat das erste Kind gewonnen, bei einer ungeraden Summe das zweite.

Hinweis: Knobeln kann immer und überall gespielt werden. Es ist als eigenes Spiel sehr beliebt, indem einfach die Punkte mehrerer Durchgänge zusammengezählt werden.

Ochs-Esel

Alter: ab 4 Jahren
Anzahl: 2 Kinder

Zwei Kinder stehen sich mit etwas Abstand gegenüber. Eines ist der „Ochse", das andere der „Esel". Der „Ochse" setzt einen Fuß dicht vor den anderen und sagt dazu „*Ochs*". Daraufhin setzt das andere Kind ebenfalls einen Fuß vor den anderen und sagt „*Esel*". Das geht abwechselnd so lange weiter, bis beide ganz dicht voreinander stehen und einer seinen Fuß nicht mehr vor den anderen setzen kann – er hat verloren.

Hinweise:

- Die Kinder sollten sich vorher einigen, ob die Füße auch quer gestellt werden dürfen oder ob mit den Zehenspitzen auch die allerkleinste Lücke gefüllt werden darf.
- Statt „*Ochs-Esel*" kann auch „*Heu-Stroh*" gesprochen werden. Manche Kinder finden „*Piss-Pott*" besonders lustig.

Ene mene dubladene

Gruppen bilden

Die allgemein bekannte Form des Wählens, bei der zwei Kinder ihre Gruppe zusammenstellen, indem sie abwechselnd einzelne Kinder aufrufen, ist manchmal nicht ganz unproblematisch – wer möchte schon gerne immer als Letzter gewählt werden. Die folgenden Anregungen bieten Alternativen, bei denen sich niemand benachteiligt oder abgelehnt fühlen muss.

Tierfamilien

Alter: ab 5 Jahren
Material: 1 Zettel pro Kind, Stifte

Vorbereitung:

Sollen zwei Gruppen gebildet werden, bereiten die Kinder gleich viele Zettel mit zwei verschiedenen Tiernamen vor, sollen drei Gruppen gebildet werden, benötigen die Kinder gleich viele Zettel mit drei verschiedenen Tiernamen usw. Die Tiernamen werden entweder auf die Zettel geschrieben oder bei jüngeren Kindern gemalt.

Spielablauf:

Jedes Kind zieht einen Zettel und öffnet ihn so, dass kein anderes Kind einen Blick darauf werfen kann. Jetzt geht es los: Die Kinder ahmen das Tier nach, das auf ihrem Zettel steht: Die Frösche quaken, die Hunde bellen, die Katzen miauen ... Alle Tiere machen sich in dem lustigen Durcheinander auf die Suche nach ihren Familienmitgliedern, und schon haben sich Gruppen für ein weiteres Spiel gebildet.

Variante

Ein eigenes Spiel wird daraus, wenn die Tierfamilien sich möglichst schnell finden und zu einem vorher vereinbarten Ziel laufen sollen. Oder die Familien, die sich gefunden haben, setzen sich schnell auf den Boden. Welche Familie nimmt zuletzt Platz?

Ene mene dubladene

Bonbonlotterie

Alter: ab 3 Jahren
Material: 1 Stoffsack, verschiedene Bonbonsorten (1 Sorte pro zu bildender Gruppe, insgesamt 1 Bonbon pro Kind)

Die Bonbons werden in den Sack gelegt. Jedes Kind zieht mit geschlossenen Augen ein Bonbon heraus. Alle Kinder, die ein Bonbon der gleichen Sorte ziehen, bilden im folgenden Spiel eine Gruppe.

Schnüre ziehen

Alter: ab 4 Jahren
Material: Schnüre, Schere, 1 Tasche oder Beutel

Vorbereitung:

Für jedes Kind wird ein Stück Schnur benötigt. Die Kinder binden die Enden der Schnüre so zusammen, dass so viele gleich starke Bündel entstehen, als Gruppen gebildet werden sollen.

Sie stecken die Schnüre mit den verknoteten Enden in die Tasche, sodass nur noch die losen Enden herausschauen.

Spielablauf:

Jedes Kind ergreift ein Schnurende. Haben alle eine Schnur in der Hand, ziehen die Kinder gleichzeitig an ihrem Ende. Alle Kinder, die mit ihren Schnüren verbunden sind, bilden eine Gruppe.

Blind wählen

Alter: ab 6 Jahren
Material: evtl. Stift und Papier

Ein Kind stellt sich mit dem Rücken zur Gruppe auf.

Ein anderes Kind deutet auf die einzelnen MitspielerInnen und fragt: *„Wohin?"* Das erste Kind legt eine Gruppe fest, indem es *„A"* oder *„B"* sagt. Mit der rechten Hand zählt es dabei die wachsende Zahl der A-Gruppe, mit der linken Hand die der B-Gruppe.

Spielen mehr als zehn Kinder mit, führt es eine kleine Strichliste. So ist sichergestellt, dass die Gruppen am Schluss gleich stark sind.

19

Schritt für Schritt

Schritt für Schritt

Im Folgenden sind kurze Spiel- und Beschäftigungsanregungen zusammengestellt, die sich anbieten, um selbstständige Beschäftigungen einzuführen und kurze Zeiträume zu überbrücken. Sie sind für kleine Kinder ebenso geeignet wie für Kinder, die noch nicht daran gewöhnt sind, allein zu spielen.

Darüber hinaus sind die meisten Spielvarianten aus den folgenden Kapiteln für den Einstieg geeignet, die explizit für jüngere Kinder ausgewiesen sind.

Suchspiele

Alle Kinder suchen gerne nach etwas, die Spannung ist groß und die Zeit vergeht schnell – Kinder merken oft kaum, dass sie sich allein beschäftigen. Die Aussicht etwas zu finden, ist häufig schon Motivation genug. Deshalb sind kurze Suchspiele besonders geeignet, um erste Erfahrungen mit dem Alleinspielen zu machen.

Bücherwurm

 Alter: ab 3 Jahren
Material: Tonpapier, Schere, Stifte, 1 dickes Buch oder Katalog

Vorbereitung:

Aus Tonpapier mehrere Papierstreifen ausschneiden, denen als „Bücherwurm" ein Auge aufgemalt wird. Die Bücherwürmer in einem dicken Buch oder Katalog so zwischen den Seiten verstecken, dass sie nicht über den Seitenrand hinausschauen.

Spielbeschreibung:

Das Kind blättert auf der Suche nach den Bücherwürmern die Seiten um, ohne das Buch jedoch auszuschütteln.

Variante

 Für jedes Kind gleich viele Bücherwürmer in jeweils einem Buch verstecken.

Die Kinder beginnen gleichzeitig die Bücherwürmer zu suchen. Wer hat als Erster alle Bücherwürmer gefunden?

Schritt für Schritt

Weckersuche

Dieses Spiel eignet sich nicht nur, um ein paar Minuten zu überbrücken, sondern schult auch das genaue Hinhören.

Alter: ab 3 Jahren
Material: 1 tickender Wecker (Küchenwecker)

Das Kind geht kurz vor die Tür. Ein Erwachsener stellt und versteckt den Wecker und bittet das Kind wieder herein.

Das Kind macht sich auf die Suche danach, während der Erwachsene bewusst einer anderen Beschäftigung nachgeht. Um den Wecker zu finden, muss das Kind ganz leise sein und auf das Ticken lauschen. Findet das Kind den Wecker nicht vorher, wird die Suche spätestens mit dem Klingeln des Weckers beendet.

Variante ab 5 Jahren

Durch Auszählen (s. S. 14) wird ein Kind bestimmt, das den Wecker versteckt. Wer von den anderen Kindern den Wecker als erstes findet, versteckt ihn vor der nächsten Runde. Wird der Wecker bis zum Klingeln nicht gefunden, versteckt ihn das gleiche Kind noch einmal.

Die Spannung steigt, wenn die Kinder beim ersten Durchgang 3 Minuten Zeit haben, beim zweiten Durchgang nur noch 1 Minute und schließlich nur noch 30 Sekunden ...

Sachensucher

Alter: ab 3 Jahren
Material: verschiedene kleine Gegenstände wie Spielzeugautos, Spielfiguren etc.; evtl. Küchenwecker

Ein Erwachsener wählt gemeinsam mit dem Kind mehrere kleine Gegenstände aus. Das Kind schließt die Augen oder verlässt kurz den Raum. Der Erwachsene versteckt die kleinen Gegenstände im Zimmer. Schon kann die Suche beginnen. Findet das Kind alle versteckten Sachen?

Hinweise:

- Für kleinere Kinder werden die Gegenstände in Augenhöhe versteckt. Schwieriger wird es, wenn die Sachen auch an höheren Stellen versteckt werden, die das Kind gerade noch erreichen kann.

- Geht es darum, die Wartezeit bis zum Essen zu verkürzen, kann das Essbesteck versteckt werden, das bald benötigt wird.

Variante

 Durch Auszählen wird ein Kind bestimmt (s. S. 14), das die Gegenstände aussucht und versteckt. Die anderen Kinder spielen gegen die Uhr (Küchenwecker): Finden sie alle Gegenstände innerhalb der gegebenen Zeit? Wer findet die meisten Gegenstände, bis der Wecker klingelt?

Wolkenkino

Ein ruhiges Spiel zum Träumen und Entspannen: Hierbei gelingt es manchmal auch Kindern, die sonst eher unruhig und kaum zu bändigen sind, zur Ruhe zu kommen.

 Alter: ab 4 Jahren

Das Kind legt sich draußen auf den Boden und betrachtet die vorüberziehenden Wolken am Himmel. Es dauert meist gar nicht lange, bis es eine Gestalt oder ein Gesicht erkennen kann. Sieht diese Wolke nicht aus wie ein Gesicht mit einer riesigen Rübennase? Da fliegt wohl gerade ein großer Wolkenvogel vorbei – oder ist es vielleicht doch eher ein großes Flugzeug?

Es macht Spaß, die sich wandelnden Wolkenbilder zu beobachten, und obendrein gibt es das Wolkenkino auch noch kostenlos!

Hinweis: Legt sich bei den ersten Besuchen im Wolkenkino ein Erwachsener neben das Kind, spürt es die Nähe einer Bezugsperson, während es sich für kurze Zeit allein beschäftigt. Wenn beide vereinbaren, ganz still zu sein, kann jeder sein eigenes Wolkenkino ungestört beobachten und erst zum Schluss dem anderen von seinen Entdeckungen erzählen.

Varianten

● Die Kinder legen sich nebeneinander auf den Boden und beobachten die Wolken. Wer eine Figur entdeckt, benennt und beschreibt sie schnell, damit die anderen danach suchen können.

● Kinder **ab 8 Jahren** suchen sich reihum jeder eine Wolken-Figur. Zum Beispiel entdeckt Daniel ein Schaf, Anna einen Elefanten, Tim einen Schlitten. Nun beginnt Daniel eine Geschichte zu erzählen, in der sein Schaf vorkommt: *„Es war einmal ein Schaf, das sich nicht von seinem wolligen Pelz trennen wollte. Deshalb lief es eines Tages kurz vor der Schafschur auf und davon."* Anna setzt die Geschichte fort und bezieht den Elefanten ein: *„Nachdem es schon einige Tage unterwegs war, kam es an ein großes Tor. Viele Kinder drängten sich davor. Plötzlich hörte das Schaf ein schreckliches Geräusch. Es wollte gerade flüchten, als hinter dem Tor ein riesiger Elefant auftauchte ..."*

Spiele mit dem Körper

Schon ganz kleine Kinder spielen sehr gerne mit ihrem Körper, und wer kennt nicht die vielen lustigen Finger- und Handklatschspiele? Spiele mit dem eigenen Körper haben einen entscheidenden Vorteil: Sie sind immer und überall einsetzbar, weil das „Spielzeug" immer greifbar ist. An Körperspielen schulen Kinder außerdem ihre Wahrnehmung und lernen sich selbst besser kennen. Sie konzentrieren sich auf sich selbst und freuen sich an dem, was sie schon ganz allein können, an ihrer Geschicklichkeit und Fingerfertigkeit. So entstehen Selbstvertrauen und Spaß am eigenen Tun.

Fingerspiele

Alter: ab 2 Jahren
Material: Leerkassette und Kassettenrekorder; evtl. 1 Spiegel

Vorbereitung:

Einige Fingerspiele sollten mehrmals gespielt werden und dem Kind schon länger bekannt sein. Diese bereits bekannten Fingerspiele werden auf eine Kassette aufgesprochen. Wenn zwischen den einzelnen Fingerspielen auch noch das ein oder andere Lied gesungen wird, entsteht eine vergnügliche Kassette mit vertrauten

Schritt für Schritt

Stimmen daraus, die einem kleineren Kind viel Freude bereitet, wenn gerade einmal niemand Zeit hat mitzuspielen.

Spielablauf:

Mit der Kassette haben schon kleine Kinder die Möglichkeit, geläufige Fingerspiele allein zu spielen. Sie stellen die Kassette an und spielen zu den bekannten Versen ihre Fingerspiele.

Einen besonderen Reiz hat es, ein Fingerspiel vor dem Spiegel auszuprobieren und sich selbst dabei zu beobachten.

Pitsch und Patsch
*Pitsch der Bär und Patsch die Maus,
kommen aus dem Haus heraus.*
ein Daumen ist Pitsch und einer Patsch
*Sie schauen hin und schauen her,
Patsch die Maus und Pitsch der Bär.*
Daumen abwechselnd nach rechts und links drehen
*Sie machen eine weite Reise
und drehen sich mit mir im Kreise.*
mit den Daumen einen großen Bogen beschreiben und sich einmal im Kreis drehen
*Sie kraxeln bergauf und bergab,
und beiden wird die Puste knapp.*
Daumen nach oben und unten bewegen, ein paar Mal kräftig schnaufen
*Müde schleichen sie nach Haus
und die Geschichte ist aus.*
Daumen hinter dem Rücken verschwinden lassen

Der arme Ritter Kunibert
*Kunibert, der arme Ritter
lebt gefangen hinter Gitter.*
der Daumen einer Hand ist Kunibert, die gespreizten Finger der anderen Hand werden als Gitter vor den Daumen gehalten
*Doch auch im Kerker eingefangen,
muss Kunibert nicht lange bangen.
Denn schon kommt sein Freund der Drache
und nimmt schrecklich wütend Rache:*
aus Kunibert wird der Drache, indem alle Fingerspitzen zum Drachenmaul zusammengelegt werden; der Drache bewegt sich auf das Gitter zu
Er beißt das Gitter mitten entzwei
Fingerspitzen als Drachenmaul öffnen und in die „Gitterstäbe" beißen
und schnell ist Kunibert wieder frei!
aus dem Gitter wird Kunibert, indem der Daumen emporgehoben wird
*Zusammen gehen sie nach Haus
und die Geschichte, die ist aus.*

Schritt für Schritt

Crememalereien

Ein sinnliches Spiel, das die Körperwahrnehmung intensiviert und Kindern viel Spaß macht.

Alter: ab 2 Jahren
Material: großer Cremetopf, evtl. Spiegel

Das Kind bedient sich (z.B. nach dem Baden oder Duschen) aus einem großen Cremetopf und bemalt sein Gesicht oder seinen ganzen Körper damit. Bevor die Creme verrieben wird, entstehen so die lustigsten Muster oder ganze Bilder auf der Haut.

Im Sommer wird auf diese Weise das lästige Eincremen mit Sonnenmilch zu einem besonderen Vergnügen.

Grimassenschneiden

Alter: ab 3 Jahren
Material: 1 großer Spiegel

Schon ganz kleine Kinder betrachten sich gern im Spiegel. Sie probieren alle möglichen lustigen Grimassen aus und sind meist eine ganze Weile der Faszination eines Spiegels erlegen.

Zum Schluss führen sie ihre lustigsten Gesichter einem Erwachsenen vor.

Variante ab 6 Jahren

Die Kinder bringen sich gegenseitig zum Lachen, indem sie lustige Grimassen schneiden. Dazu wird ein Grimassenschneider durch Auszählen bestimmt (s. S. 14). Sobald er ein anderes Kind zum Lachen gebracht hat, übernimmt dieses Kind seine Rolle.

25

Spiegelspielereien

Alter: ab 3 Jahren
Material: 1 großer Spiegel; evtl. Verkleidungszubehör, Papier und Stifte

Theaterspielen macht vor einem Spiegel besonders viel Spaß. Kinder lassen sich durch Themenvorschläge und kleine Geschichten anregen oder erfinden schon selbst kurze Spielstücke. Alltägliche Themen wie „Zähne putzen", „Schuhe bürsten" oder „Duschen" eignen sich gut für den Einstieg. Wer schon kleine Geschichten spielen will, überlegt sich Themen wie „Ein Pechtag" oder „Ein Glückstag", „Der neue Hund", „Ein Urlaubstag", „Ein nächtliches Abenteuer" etc.

Wenn das Kind vor dem Spiegel ein wenig geübt hat, spielt es sein Stück vor.

Variante ab 6 Jahren

Ein Erwachsener schreibt auf mehrere Zettel verschiedene Gefühle und Eigenschaftswörter, z.B.: fröhlich, traurig, ängstlich, neugierig, wütend etc. Das Kind probiert vor dem Spiegel aus, wie es die verschiedenen Stimmungen am besten ausdrücken kann.

Zum Schluss spielt das Kind die Gefühle vor und der Zuschauer errät, um welches Gefühl oder welche Eigenschaft es sich handelt.

Hinweis: Das Spiel vor dem Spiegel führt zu interessanten Erfahrungen mit dem eigenen Körper: Wie kann ich Gefühle mit meiner Mimik und Gestik ausdrücken? Wie wirke ich auf andere? Wann sehe ich aus wie ein Clown oder wie ein Bösewicht? Auch ältere Kinder experimentieren gern mit ihrem Körper vor dem Spiegel und lernen sich dabei selbst besser kennen.

Farbspiele

Kinder hantieren gerne mit Farben, und besonders Finger- und Wasserfarben üben dabei einen großen Reiz aus. Sie lassen sich sehr vielfältig und immer wieder neu einsetzen. Das experimentelle und kreative Spiel mit Farben eignet sich deshalb besonders für erste, kurze Beschäftigungen allein.

Farben mischen

Alter: ab 3 Jahren
Material: Papier, Wasser- oder Fingerfarben; evtl. bunte Folien

Kann ein Kind frei mit Farben experimentieren, entdeckt es schnell, wie durch das Mischen zweier Farben eine neue Farbe entsteht. Jüngere Kinder mischen mit Fingerfarben, ältere Kinder mit Wasserfarben.

Wenn wir Kinder zum Experimentieren anregen wollen, stellen wir ihnen nur eine begrenzte Farbauswahl, etwa Rot, Gelb und Blau zur Verfügung und geben ihnen den Hinweis, dass damit fast alle Farben gemischt werden können.

Variante für ältere Kinder

Das Experimentieren mit bunten Folien vor einer Lichtquelle ist für ältere Kinder sehr spannend und vermittelt ihnen Kenntnisse aus der Farbenlehre.

Farb-Elfmeter

Alter: ab 3 Jahren
Material: Papier, Wasserfarben, Pinsel oder Pipette, Strohhalm

Das Kind setzt auf die eine Seite des Papiers mit dem Pinsel oder mit der Pipette mehrere bunte Farbkleckse. Am gegenüberliegenden Rand zeichnet es ein Tor auf das Papier.

Es richtet den Trinkhalm auf einen Klecks und treibt ihn in Richtung Tor, indem es in den Strohhalm bläst. Dabei entstehen faszinierende Effekte. Mit wie vielen Klecksen lassen sich Elfmeter schießen?

27

Schritt für Schritt

Finger- und Händedruck

 Alter: ab 3 Jahren
Material: Fingerfarben, Papier, Buntstifte

Das Kind druckt mit einzelnen Fingern oder der ganzen Hand mit Farbe auf Papier. Aus den Fingerdrucken entstehen lustige Bilder, wenn das Kind mit Buntstiften noch etwas dazu malt. Druckt das Kind in gelber Farbe mehrmals mit der ganzen Hand, spreizt dabei die Finger ab und dreht nach jedem Druck das Papier, entsteht eine Sonne.

Malen und experimentieren Kinder im Sommer im Freien mit Fingerfarben, drucken sie bald nicht mehr nur mit Fingern und Händen, sondern beziehen auch die Füße und den ganzen Körper mit ein.

Variante

 Ein lustiges „Verkleiden" mit Farben entsteht, wenn Kinder sich mit den Farben Handschuhe, Söckchen oder Schmuck, also Ringe und Ketten usw. auf die Haut malen. Es macht Kindern großen Spaß, sich gegenseitig mit Farben „anzuziehen".

Achtung: Fingerfarben können auf der Haut allergische Reaktionen hervorrufen!

Fußmalerei

Auf konventionelle Art mit dem Stift in der Hand zu malen, macht Spaß. Etwas ganz Besonderes ist es aber, mit den Füßen zu malen.

 Alter: ab 4 Jahren
Material: große Bögen Papier, Klebeband, Malstifte

Das Malpapier wird auf dem Fußboden ausgebreitet und am Rand festgeklebt.

Das Kind klemmt den Stift zwischen die Zehen, und schon kann die Fußmalerei losgehen. Es ist erstaunlich, wie schnell Kinder mit dieser Maltechnik sehr geschickt umgehen können.

Variante ab 6 Jahren

Das Kind schreibt einen kurzen Brief mit den Füßen. Wer kann den Brief vollständig entziffern?

Klecksbilder

Alter: ab 4 Jahren
Material: Papier, Malunterlage, Fingerfarben, Pinsel, Malstifte

Das Kind faltet ein Blatt Papier in der Mitte und öffnen es wieder.

Über der Malunterlage setzt es verschiedene Farbtupfer auf die eine Seite des Papiers, bevor es das Papier wieder zusammenklappt und ein wenig mit der flachen Hand darüber streift.

Klappt das Kind das Papier anschließend wieder auf, zeigt sich ein interessantes farbiges Muster: Neue Formen sind entstanden und manche Farben haben sich zu neuen Farben vermischt. Kann das Kind etwas in dem Muster erkennen – etwa ein Gesicht oder einen Schmetterling? Es macht Spaß, die Konturen zu umfahren und etwas dazu zu malen, sobald die Farbe getrocknet ist. So erhält z.B. ein Schmetterling Fühler, ein Gesicht wird durch Augen verdeutlicht oder eine Blume mit einem Stängel versehen ...

Hinweis: Manche PsychologInnen sind der Meinung, dass durch die Deutung solcher Klecksbilder Einblicke in die Seele ihrer PatientInnen möglich sind. Sie verwenden dazu vorgegebene Klecksbilder („Rohrschach-Test").

Druckerei

Alter: ab 3 Jahren
Material: Papier, Fingerfarben (evtl. mit Wasser verdünnt), Pinsel, kleine Schälchen (z.B. Marmeladenglasdeckel), verschiedene Druck-Materialien, z. B. Schwämmchen, Kartoffeln, Karotten, Palmkätzchen, Korken etc.; evtl. Packpapier, Stoffmalfarben und Baumwolltaschen oder kleine Tücher

Das Kind streicht die Farbe entweder mit dem Pinsel oder einfach mit den Fingern auf die Druck-Materialien. Noch einfacher ist es, ein wenig Farbe in ein Schälchen zu geben und den Gegenstand einzutauchen.

Jüngere Kinder sind fasziniert von den Spuren, die sie auf dem Papier hinterlassen können. Ältere Kinder drucken Muster, Figuren und ganze Bilder.

Varianten

- Das Kind bedruckt Packpapier und erhält buntes Geschenkpapier.
- Mit Stofffarben können auch Baumwolltaschen oder Tücher bedruckt werden. Mit dem Bügeleisen werden die Farben fixiert, sodass daraus bunte Taschen oder hübsche Deckchen entstehen.

Schritt für Schritt

Papierspiele

Kinder experimentieren gerne mit Materialien aus Papier, und oft brauchen sie dazu gar nicht viel: alte Zeitungen und Zeitschriften, Geschenkpapierreste, alte Tapetenrollen, Paketpapier, Butterbrotpapier, Pappschachteln, vielleicht noch Schere und Kleber – und schon kann's losgehen! Bei den ersten kurzen Beschäftigungen allein soll es nicht darum gehen, künstlerische Höchstleistungen zu vollbringen, sondern den Spaß am Ausprobieren zu entdecken.

Knistern, rascheln, reißen, schnipseln

 Alter: ab 2 Jahren
Material: Butterbrotpapier, Seidenpapier, Packpapier, Wellpappe, Zeitschriften, Kataloge etc., Schere, Kleister und Pinsel

Kleine Kinder lieben es, Papier zu zerknüllen oder zu zerreißen und es durch die Luft zu schwingen. Werden dem Kind verschiedene Papiere angeboten, hört es, wie unterschiedliche Geräusche entstehen und fühlt, welche Materialien sich leicht zerreißen lassen und welche mehr Kraft benötigen.

Auch erste Übungen mit einer Schere sind auf diese Weise möglich: Das Kind darf nach Herzenslust schneiden und reißen. Wenn es genügend Schnipsel produziert hat, kann es auf einem großen Bogen Papier mit etwas Kleister riesige Schnipselberge entstehen lassen. Schon ganz kleine Kinder beschäftigen sich auf diese Weise unglaublich lange und mit großer Begeisterung allein.

Hinweis: Die Schnipsel können für ein anderes Spiel weiter verwendet werden, etwa als Heu, das auf einen Wagen verladen wird etc.

Schritt für Schritt

Knitterbilder

Alter: ab 4 Jahren
Material: Papier, dicke Buntstifte; evtl. feine Pinsel und Wasserfarben

Das Kind knüllt das Papier fest zusammen, öffnet es wieder und streicht es vorsichtig glatt.

Kann es das Knittermuster, das auf diese Weise entstanden ist, mit Buntstiften nachzeichnen?

Geübtere Kinder arbeiten mit Wasserfarben und feinen Pinseln.

Wer mag, malt die Felder an, die durch das Nachzeichnen der Linien entstehen. Auf diese Weise entstehen abstrakte Kunstwerke.

Hinweis: Es ist gar nicht so einfach, die Knitterlinien exakt nachzuzeichnen – die Feinmotorik wird dabei besonders geübt.

Spaß-Collagen

Alter: ab 5 Jahren
Material: alte Zeitungen, Zeitschriften, Kataloge, Schere, Papier, Kleber; evtl. alte Fotos

Das Kind schneidet aus Zeitungen und Katalogen Tiere und Menschen aus und schneidet ihnen die Köpfe ab. Auf einem neuen Bogen Papier klebt es Körper und Köpfe in anderer Konstellation wieder zusammen. Lustige Bilder entstehen, wenn auf den Körper eines Erwachsenen ein Baby- oder Kindergesicht geklebt wird. Der Fantasie sind keine Grenzen gesetzt. Kindern macht es meist großen Spaß, ihren Fantasiewesen auch Namen zu geben. So entstehen „Girafanten" (Giraffe, Elefant) oder „Zebrische" (Zebra, Fisch) etc.

Variante

Mit alten Fotos, die zerschnitten werden dürfen, können tolle Collagen geklebt werden. Vielleicht entsteht aus dem Kopf des Vaters und dem Körper eines Elefanten ein „Papafant" oder aus dem Kopf der Mutter und dem Körper eines Papageis ein „Mamagei".

Schritt für Schritt

Durchreibebilder – Frottagen

Alter: ab 4 Jahren
Material: Papier, verschiedene Gegenstände, die keine glatte Oberfläche besitzen, z.B. Münzen, Blätter, Rinden, Fliegengitter, verschieden strukturierte Stoffreste, Schlüssel, Kamm etc., weicher Bleistift oder Buntstifte; evtl. normales und doppelseitiges Klebeband, Pappe, alte Wachsmalkreidenreste

Das Kind legt den Gegenstand, den es durchreiben möchte, unter sein Zeichenpapier und malt mit dem Stift vorsichtig darüber. Schon bald zeichnen sich die Umrisse und die Struktur der Oberfläche auf dem Papier ab.

Die Durchreibbilder gelingen jüngeren Kindern besser, wenn die Gegenstände vorher auf dem Papier fixiert werden, damit sie beim darüber Malen nicht verrutschen. Dazu legt das Kind den Gegenstand mit der rauen Oberfläche nach unten auf das Papier und klebt ihn mit Klebeband fest. Jetzt dreht es das Papier mit dem fixierten Gegenstand auf die andere Seite und fährt mit dem Stift darüber.

Wenn das Kind Münzen durchreibt, kann es sie später ausschneiden und für den Kaufladen verwenden. Dafür am besten mit doppelseitigem Klebeband auf Pappe fixieren, damit sie länger halten.

Sind alte Wachsmalkreidenreste vorhanden, können damit Gegenstände mit nicht zu feiner Oberfläche, z.B. ein Schlüssel, durchgerieben werden.

Mit mehreren Gegenständen lassen sich ganze Collagen aus Durchreibbildern herstellen. Wenn Kinder diese Technik erst einmal entdeckt haben, geraten sie meist in ein richtiges „Rubbelfieber"!

Variante ab 5 Jahren

Die Kinder gestalten jeweils zwei gleiche Durchreibbilder als Memorykarten. Dazu kleben sie jedes Bild auf ein Stück Pappe und schneiden es zu einem Quadrat. Sind alle Bilder fertig gestellt, spielen die Kinder gemeinsam Memory.

Beliebte Gruppenspiele

Obwohl Kinder sehr gerne frei miteinander spielen, dürfen organisierte Spiele oder Partyspiele bei Feiern und anderen Zusammenkünften einfach nicht fehlen. Sie vermitteln ein Gefühl des Miteinanders und führen zu einem Gemeinschaftserlebnis, das auf einem Fest oder in einer Gruppe nicht fehlen sollte. Während die Kinder bei Kindergeburtstagen meist etwa gleich alt sind, ist das Alter der Kinder bei Familienfeiern meist bunt gemischt. In diesem Fall helfen oft die älteren Kinder den jüngeren, sodass trotzdem alle miteinander spielen können und viel Spaß zusammen haben.

Viele der folgenden Spiele zählen zu den Klassikern des Kinderspiels und sind auch heute noch sehr beliebt. Sie eignen sich besonders, wenn sich spontan die Situation des Alleinspielens ergibt. Es bedarf keiner ausführlichen Erklärungen, denn die Regeln sind meistens allgemein bekannt und ein kurzer Hinweis auf ein bestimmtes Spiel genügt schon, damit die Kinder loslegen können. Manche dieser beliebten Gruppenspiele lassen sich sogar so abwandeln, dass ein Kind sie auch allein spielen kann.

Schuhe suchen

Alter: ab 4 Jahren
Material: Schuhe

Die Kinder ziehen ihre Schuhe aus und werfen sie in der Mitte auf einen großen Haufen. Der Schuhberg wird tüchtig durcheinander gemischt und alle setzen sich wieder auf ihren Platz.

Nachdem alle gemeinsam bis zehn gezählt haben, laufen alle Kinder schnell zum Schuhberg, um so schnell wie möglich ihre beiden Schuhe wieder zu finden.

Wer als Erster mit seinen Schuhen an den Füßen wieder an seinem Platz sitzt, hat gewonnen.

Hausschuhe vertauschen

Alter: ab 4 Jahren
Material: Schuhe

Alle Kinder sitzen im Kreis und ein Kind geht vor die Tür. Zwei der anderen Kin-

Beliebte Gruppenspiele

dern vertauschen ihre Hausschuhe. Das Kind kommt wieder herein und muss erraten, wer mit wem getauscht hat.

Varianten

- Bei größeren Gruppen gehen mehrere Kinder vor die Tür und alle übrigen tauschen ihre Hausschuhe. Die hereinkommenden Kinder raten gemeinsam, welche Schuhe zu wem gehören.
- Die Kinder tauschen andere Kleidungsstücke, Brillen oder Schmuck etc.

Sockenquiz

Alter: ab 3 Jahren
Material: viele verschiedene Socken

Alle Familienmitglieder oder Freunde, die zu Besuch sind, stellen möglichst viele Socken zur Verfügung. Alle werden auf einem großen Haufen gesammelt. Zum Sockenquiz ziehen die Kinder abwechselnd einen Strumpf über und raten, von wem der Socken stammt.

Wer rupft, wer zupft?

Alter: ab 4 Jahren

Alle Kinder sitzen im Kreis. Ein Kind wird durch Auszählen zur Spielleitung bestimmt (s. S. 14) und ruft ein anderes Kind zu sich. Dieses Kind kniet sich vor die Spielleitung hin und legt seinen Kopf in deren Schoß oder hält sich die Augen zu.

Die Spielleitung ruft per Handzeichen ein weiteres Kind zu sich. Dieses Kind stellt sich hinter das kniende Kind und spricht evtl. mit verstellter Stimme: *„Wer rupft, wer zupft, wer hat's getan?"* Dazu rupft und zupft es an der Hose des Kindes und klopft ihm leicht auf den Po, bevor es sich schnell wieder hinsetzt. Das „gerupfte" Kind öffnet seine Augen, dreht sich herum und rät, wer gerupft und gezupft hat.

Beliebte Gruppenspiele

Zoobesuch

Alter: ab 7 Jahren
Material: 1 große Packung Erdnüsse; evtl. Papier und Stift

Alle Kinder sitzen im Kreis. Durch Auszählen wird eine Spielleitung bestimmt (s. S. 14), die jedem Kind einen Tiernamen gibt. Dabei werden manche Tiernamen nur zweimal vergeben, andere häufiger und der Tiername „Affe" ganz oft.

Die Spielleitung legt alle Erdnüsse in die Kreismitte und erzählt von ihrem Besuch im Zoo. Nennt sie ein Tier, das einem Kind zugeteilt wurde, muss das betreffende Kind aufstehen und sich **eine** der Nüsse schnappen. Wenn der Tiername „Affe" fällt, stürzen entsprechend ganz viele Kinder auf eine Nuss und es entsteht ein lustiges Durcheinander. Wer nicht auf seinen Tiernamen reagiert, geht in dieser Runde leer aus. Die Spielleitung achtet darauf, alle Tiere gleich oft zu nennen.

Wer hat nach der beendeten Erzählung vom Zoobesuch die meisten Nüsse ergattert?

Hinweise:

● Damit nicht aus dem lustigen Durcheinander ein Kampf um jede einzelne Nuss entsteht, ist es von Vorteil, wenn die Gruppe altersmäßig gemischt ist und vielleicht auch ein paar ältere Kinder mitspielen.

● Bei einer großen Kindergruppe mit vielen unterschiedlichen Tiernamen schreibt sich die Spielleitung alle Tiere auf einen Zettel, damit sie kein Tier in ihrer Geschichte vergisst zu erwähnen.

Affenzirkus

Alter: ab 4 Jahren
Material: 1 Schnur

Alle Kinder sitzen im Kreis. Durch Losen wird ein Kind ausgewählt (s. S. 16), das AffenführerIn sein soll. Der Affenführer wählt ein weiteres Kind als Affen aus und bindet ihm die Leine um den Bauch. Mit seinem Affen an der Leine macht sich der Affenführer auf, um das Tier zu verkaufen.

Er geht zu einem Kind im Kreis und preist den Affen mit den schönsten Worten an. Schließlich führt der Affe allerlei Kunststücke vor oder wird sogar ein wenig frech… Jedes angesprochene Kind muss den Affen streicheln und mit ihm reden – nur lachen ist streng verboten! Wer doch lachen muss, hat verloren. Er spielt den nächsten Affenverkäufer und sucht sich einen neuen Affen aus.

35

Beliebte Gruppenspiele

Obstkorb

 Alter: ab 8 Jahren

Alle Kinder sitzen auf Stühlen im Kreis. Ein Kind wird durch Auszählen zur Spielleitung bestimmt (s. S. 14). Die Spielleitung stellt sich in die Mitte und weist jedem Kind eine Obstsorte zu.

Die Spielleitung ruft zwei Obstsorten auf, die daraufhin ihre Plätze tauschen müssen. Dabei versucht die Spielleitung selbst einen freien Stuhl zu erreichen. Gelingt es ihr vor einem anderen Kind, wird dieses zur nächsten Spielleitung. Ist sie nicht schnell genug, ruft sie zwei andere Obstsorten auf. Wenn die Spielleitung ruft: „*Der Obstkorb fällt um!*", müssen alle Kinder die Plätze wechseln, während die Spielleitung den Überraschungseffekt nutzt, um ganz sicher einen Stuhl zu ergattern.

Variante

Statt Obstsorten vergibt die Spielleitung als TierwärterIn Tiernamen. Wenn sie ruft: „*Kamele und Affen werden gefüttert!*", müssen beide aufspringen und ihre Plätze tauschen. Der Tierwärter darf aber auch drei und mehr Tiere aufrufen.

Glücksbeutel

 Alter: ab 5 Jahren
Material: Stoffbeutel, einige Süßigkeiten oder 1 kleines Spielzeug pro Kind, Schnur, 1 Augenbinde, 1 Stock oder Kochlöffel

Vorbereitung:

In die Papiertüte einige Süßigkeiten füllen und den „Glücksbeutel" mit einer Schnur zubinden. Den Beutel an einen Ast, eine Teppichstange oder ein gespanntes Seil hängen.

Spielablauf:

Ein Kind lässt sich die Augen verbinden. Es bekommt den Kochlöffel in die Hand, wird ein Stück vom Glücksbeutel weggeführt und ein paar Mal herumgedreht.

Beliebte Gruppenspiele

Nun macht es sich mit dem Kochlöffel auf die Suche nach dem Glücksbeutel. Trifft es mit seinem Kochlöffel den Beutel, nimmt es die Augenbinde ab und seinen Gewinn aus dem Beutel. Das nächste Kind ist an der Reihe und macht sich auf die Suche nach seinem Glück.

Die zusehenden Kinder unterstützen die Suche, indem sie den Suchenden mit „*kalt*" oder „*heiß*" auf die richtige Fährte locken.

Obstsalat

Alter: ab 5 Jahren
Material: Schneidebrettchen, Messer, 5 größere Schalen, 1 kleine Schüssel pro Kind, 5 große Löffel, 1 kleiner Löffel pro Kind, 1 Würfel
Zutaten: 5 verschiedene Obstsorten

Vorbereitung:

Die Kinder waschen, schälen und schneiden das Obst in Stücke und verteilen es nach Sorten in die großen Schalen.

Spielablauf:

Die Kinder sitzen um einen Tisch, auf dem die verschiedenen Obstschalen mit Löffeln in einer Reihe stehen. Sie beginnen reihum zu würfeln. Wer eine Eins würfelt, nimmt sich etwas Obst aus der ersten Schüssel, bei einer Zwei aus der zweiten Schüssel usw. Wer eine Sechs würfelt, hat freie Auswahl. Wie viel Obst sich die Kinder jeweils nehmen, machen sie abhängig von ihrem Hunger und davon, wie viel Obst sie von einer Sorte bereits in ihrer Schüssel haben. Auf diese Weise können sich Kinder einen leckeren Obstsalat zusammenstellen.

Wettnageln

Alter: ab 8 Jahren (wenn das Nagelbrett schon vorbereitet wurde, können auch Kinder ab 4 Jahren mitspielen)
Material: 1 dickes Brett oder ein Balken, Hammer, mehrere lange Nägel, kleine Spielzeuge oder Süßigkeiten als Preise; evtl. Stoppuhr oder Küchenwecker

Vorbereitung:

Die Nägel werden $1/2$ cm weit in das Brett gehämmert.

Spielablauf:

Jedes Kind haut einen Nagel mit möglichst wenigen Schlägen ins Brett. Wer es mit den wenigsten Schlägen schafft, gewinnt.

Varianten

- Wie lange braucht das Kind, um alle Nägel in das Brett zu schlagen?
- Wie viele Nägel schafft es innerhalb einer vorgegebenen Zeit?

Dosenwerfen

Alter: ab 5 Jahren
Material: mind. 6 leere Konservendosen, Kreide oder 1 langes Seil, Tennisbälle

Vorbereitung:

Die Dosen werden in Form einer Pyramide auf einem ebenen Untergrund aufgebaut, am besten vor einer Wand. Vor den Dosen markieren die Kinder mit Kreide oder dem Seil eine Linie auf dem Boden, wobei sie den Abstand je nach ihrer Treffsicherheit variieren.

Spielablauf:

Nacheinander treten die Kinder an die Linie und werfen mit den Tennisbällen auf die Dosen:

- Wer wirft die meisten Dosen mit drei Würfen um?
- Wer braucht die wenigsten Würfe, um komplett abzuräumen?

Varianten

- Wie viele Dosen wirft ein Kind mit drei Würfen um?
- Wie viele Würfe braucht es, um alle Dosen abzuräumen?
- Kann es seinen eigenen Rekord überbieten?

Steinchen in die Dose

Alter: ab 6 Jahren
Material: mehrere leere Konservendosen o. ä. Behälter mit verschieden großen Öffnungen, kleine Steinchen; evtl. 1 Korb, Schnur, Kastanien

Die Kinder stellen die Dosen nebeneinander auf und werfen aus einem geringen Abstand mit den Steinchen in die Dosen. Jedes Kind hat drei Würfe frei, danach werden seine Punkte zusammengezählt: Steinchen in einer kleinen Dose zählen 3 Punkte, in einer mittleren Dose 2 Punkte und in einer großen Dose 1 Punkt.

Beliebte Gruppenspiele

Varianten

- Spielen sehr viele Kinder miteinander, bilden sie zwei Gruppen (s. S. 18): Welche Gruppe hat als erste 10 Punkte gesammelt?

- Im Herbst hängen die Kinder einen Korb an einer Schnur um einen Ast und werfen mit Kastanien in den Korb. Jeder Treffer zählt 1 Punkt. Noch spannender und schwieriger wird es, wenn der Korb ein wenig angestoßen wird, sodass er leicht schaukelt.

- **Siamesische Zwillinge:** Je zwei Kinder stellen sich nebeneinander und binden mit einem Tuch ihre beiden innen stehenden Beine zusammen, sodass sie sich als „Siamesische Zwillinge" auf drei Beinen fortbewegen müssen.

- **Schubkarrenrennen:** Ein Kind umfasst die Beine seines Spielpartners wie Schubkarrengriffe und schiebt ihn nach vorn, während sein Partner auf den Händen vorwärts läuft. Spielen insgesamt nur zwei Partner miteinander, messen sie mit der Stoppuhr, wer von beiden der ausdauerndere Schubkarren ist. Spielen mehrere Kinder, führen sie Wettläufe durch.

Wettläufe und Hindernisrennen

Alter: ab 6 Jahren
Material: je nach Wettlauf Tücher, Stoppuhr, Stelzen oder Laufdosen, Schwimmflossen, rohe Eier oder Kartoffeln, große Löffel oder Teesiebe, Rollschuhe, Schlitten

Wettläufe und Hindernisrennen machen Spaß und bieten Gelegenheit sich auszutoben. Es gibt viele verschiedene Möglichkeiten:

Beliebte Gruppenspiele

- **Stelzenlauf:** Welches Kind legt auf seinen Stelzen die weiteste Strecke zurück? Wer erreicht als Erster ein vorher festgelegtes Ziel?
- **Flossenlauf:** Alle Kinder ziehen sich Schwimmflossen an und laufen damit um die Wette.
- **Eierlauf:** Jedes Kind legt ein rohes Ei auf einen Löffel und läuft mit den anderen Kindern um die Wette. Wer schafft es als Erster ohne sein Ei zu zerbrechen über die Ziellinie?

Hinweis: Für jüngere Kinder eignen sich eher Kartoffeln oder die Eier werden in ein Teesieb gelegt.

- **Rollschuhrennen**
- **Schlittenrennen**

Hinweis: Um die Wettrennen vielfältiger zu gestalten, eignen sich als Hindernisse zum Drübersteigen oder Durchkrabbeln Stühle, Schachteln, Bäume, Wassereimer oder Plantschbecken, Autoreifen …

Variante

Wettrennen und Hindernisläufe kann ein Kind durchaus auch mit sich selbst austragen: Es läuft gegen die Uhr und versucht, seinen eigenen Rekord zu überbieten.

Sackhüpfen

Alter: ab 5 Jahren
Material: Kreide oder lange Seile, 1 Sack pro Kind (ersatzweise große Kopfkissenbezüge); evtl. Küchenwecker

Die Kinder markieren eine Start- und eine Ziellinie. Jedes Kind steigt in einen großen Sack und hält ihn mit den Händen fest.

Wenn Kinder zum ersten Mal Sackhüpfen, üben sie zunächst ein wenig, bevor sie mit dem Wetthüpfen beginnen. Es ist gar nicht so einfach, sich mit dem Sack vorwärts zu bewegen.

Durch Auszählen (s. S. 14) wird eines der Kinder zur Spielleitung bestimmt. Sie gibt das Startsignal, woraufhin die Kinder möglichst schnell zur Ziellinie hüpfen. Wer kann mit seinem Sack am schnellsten hüpfen? Wer als erster über die Ziellinie hüpft, gibt in der nächsten Runde das Startsignal.

Variante

Das Kind stellt den Wecker auf ein oder zwei Minuten und hüpft mit dem Sack eine bestimmte Strecke. Kann es in der nächsten Runde seinen eigenen Rekord überbieten?

40

Toben und Turnen

Kinder, die sich viel bewegen, entwickeln nicht nur ein ausgeprägtes Körperbewusstsein, sondern wirken insgesamt ausgeglichener und selbstbewusster! Kinder haben ein sehr gesundes Gefühl dafür, was ihnen gut tut, wenn sie in ihrer Fähigkeit zur Selbstwahrnehmung nicht häufig eingeschränkt wurden durch Ermahnungen ruhig zu sein und nicht zu stören. Nach einem aufregenden, spannenden Film toben Kinder herum und spielen belastende Szenen intensiv und aktionsreich nach. Nach einem anstrengenden Schultag gleichen sie ihren Bewegungsmangel auf dem Heimweg laufend, rennend und hüpfend aus – vorausgesetzt, sie werden nicht mit dem Auto abgeholt.

Leider wissen Kinder heute aber nicht immer, was ihnen gut tut. Sie haben wie viele Erwachsene bereits verlernt, ihre Bedürfnisse wahrzunehmen oder sind daran gewöhnt, sie zu ignorieren. Wir sollten ihnen deshalb gezielt Gelegenheiten geben, ihre Selbstwahrnehmung darüber, was ihnen gerade gut tut, zu entfalten. Es gilt, darauf zu achten, ihnen nicht nur Spielanregungen und Impulse zu geben, die uns gerade passend erscheinen, sondern nach dem Empfinden und den Wünschen der Kinder zu fragen: Da kann ein Kind aus der Schule nach Hause oder in den Hort kommen und seine angestaute Aggression nach einem Streit an einem Boxsack auslassen und wild herum toben, während es am nächsten Tag nach der Anstrengung in der Schule Ruhe und Entspannung sucht, indem es sich in eine Ecke zurückzieht und eine Kassette hört.

Es ist entscheidend für die Förderung einer gesunden Selbstwahrnehmung, einem Kind hier nicht vorschnell etwas überzustülpen, das eher den eigenen Vorstellungen als den Bedürfnissen des Kindes entspricht. Kinder sollen selbst spüren können, ob sie sich nach einer anstrengenden Tätigkeit durch Bewegung wieder in Schwung bringen und tobend Spannungen und Unruhe abbauen möchten, oder ob ihnen eher nach Ruhe und Entspannung zu Mute ist.

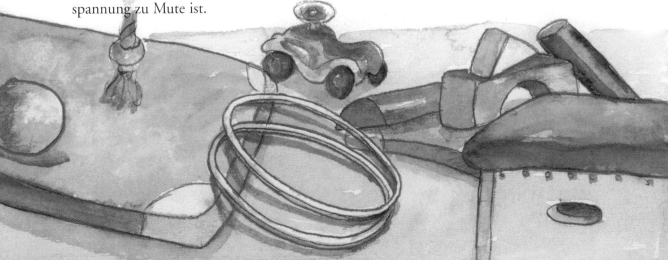

Toben und Turnen

Luftballon-Kicker

Bälle üben einen intensiven Bewegungsanreiz aus. Luftballons oder kleine Wasserbälle eignen sich besonders für kleinere Ballspiele im Haus, weil die Gefahr nicht so groß ist, dass etwas dabei in die Brüche geht.

 Alter: ab 3 Jahren
Material: 1 großer Luftballon oder aufblasbarer Wasserball; evtl. 1 lange Schnur, mehrere Luftballons

Der Luftballon wird aufgeblasen und verknotet. Es gibt verschiedene Spielmöglichkeiten:

- Das Kind wirft den Luftballon hoch und hält ihn möglichst lange in der Luft. Anfangs ist der Einsatz des ganzen Körpers erlaubt, später hält das Kind den Luftballon nur mit einem bestimmten Körperteil in der Luft, z.B. mit einem Finger, der Handfläche oder dem Handrücken, dem Kopf, mit Ellenbogen, Knie, Nase oder den Schultern.

- Das Kind legt eine vorgegebene Strecke zurück, ohne den Luftballon zu verlieren.

- Zwischen zwei Stuhllehnen wird eine Schnur gespannt. Das Kind kickt den Luftballon möglichst hoch über die Schnur und schlüpft schnell darunter durch, um den Luftballon wieder zu erwischen und zurück zu kicken, bevor er den Boden berührt. Wie oft hintereinander schafft es das?

Varianten ab 6 Jahren

- Die Kinder bilden zwei gleich große Gruppen (s. S. 18) und teilen mit der Schnur einen Raum in zwei Hälften.

Jede Gruppe stellt sich in einem Feld auf und spielt der anderen Gruppe den Ball zu. Lässt eine Gruppe den Ballon auf ihrer Seite auf den Boden fallen, wird der anderen Gruppe ein Punkt gutgeschrieben. Sieger ist, wer zum Schluss die meisten Punkte erzielt hat.

- Die Kinder spielen mit mehreren Luftballons: Jede Gruppe erhält die gleiche Anzahl Luftballons. Ziel ist es, alle Ballons, sowohl die eigenen als auch die der gegnerischen Gruppe, aus dem eigenen Spielfeld zu befördern. Ein sehr bewegungsreiches Spiel, bei dem sich die Kinder so richtig austoben können.

Schatten fangen

Alter: ab 5 Jahren

Um dieses Spiel durchführen zu können, muss die Sonne scheinen.

Durch Auszählen (s. S. 14) bestimmen die Kinder einen Fänger. Beim folgenden Fangspiel schlägt der Fänger seine MitspielerInnen nicht ab, sondern springt mit den Füßen auf ihre Schatten. Sobald er einen Schatten erwischt hat, ruft er laut den Namen des Kindes, damit es weiß, dass es erwischt wurde – denn es spürt natürlich nichts davon. Das gefangene Kind wird zum neuen Fänger.

Hinweise:

- Mit der Zeit lernen die Kinder abzuschätzen, wo sich ihr Schatten je nach Stand der Sonne befindet.

- Bei diesem Spiel ist es besonders wichtig fair zu spielen, sonst macht es bald keinen Spaß mehr!

Allerlei Getier

Alter: ab 3 Jahren
Material: evtl. Tücher, ein Tierbuch, Küchenwecker

Das Kind verwandelt sich in verschiedene Krabbel-, Stampf- und Hüpftiere:

- Als **Hase** geht es in die Hocke und macht schnelle Zick-Zack-Sprünge.

- Als **Pferd** galoppiert es im Pferdchensprung im Kreis herum. Werden Kissen als Hindernisse ausgelegt, ist sogar ein Sprungturnier möglich.

- Ein **Elefant** schwingt seinen langen Rüssel, während er kräftig stampfend umher zieht. Für den Rüssel streckt das Kind einen Arm aus und umfasst ihn mit dem anderen Arm, mit dessen Hand es sich an die Nase greift.

- Ein dicker **Bär** streckt seinen Bauch möglichst weit heraus und tritt bei jedem Schritt kräftig auf.

- Ein **Känguru** hält die Arme leicht angewinkelt und springt aus dem Stand umher.

- Hält das Kind in jeder Hand ein Tuch und schwingt damit, kann es als **Vogel** durch den Raum flattern.

43

Toben und Turnen

Mit einem Tierbuch kann ein Kind auf immer neue Ideen kommen!

Variante

Schwieriger wird es, wenn das Kind zusätzlich Hindernisse überwinden soll: Kann es einmal durch den Raum krabbeln oder hüpfen, bevor der Küchenwecker klingelt? Mit zusätzlichen Aufgaben macht dieses Spiel auch älteren Kindern noch Spaß!

Bodenputzer

Alter: ab 4 Jahren
Material: 1 großer Putzlappen oder Tuch, glatter Bodenbelag (Fliesen oder Laminat etc.); evtl. Küchenwecker

Das Kind stellt sich mit beiden Füßen auf den Putzlappen und rutscht so schnell wie möglich von einem Ende des Raumes zum anderen, ohne den Putzlappen zu verlassen. Kommt es dabei mit einem Fuß auf den Boden, fängt es wieder von vorn an.

Hat es eine Runde geschafft, stoppt es bei der nächsten Runde die Zeit: Kann es seinen eigenen Rekord verbessern?

Besenball

Alter: ab 4 Jahren
Material: Kreppband oder Seile, 1 Besen pro Kind, 1 Luftballon

Mit Kreppband oder Seilen markieren die Kinder ein Spielfeld mit zwei Toren. Der Luftballon wird in die Mitte des Feldes gelegt und die Kinder bilden zwei Teams (s. S. 18).

Alle Kinder laufen mit ihren Besen hinter dem Luftballon her, um ihn ins gegnerische Tor zu bugsieren. Dabei darf der Besen immer erst dann angesetzt werden, wenn der Luftballon wieder auf dem Boden gelandet ist. Welches Team erzielt die meisten Tore?

Ein Hut, ein Stock, ein himmelblauer Unterrock

Bei diesem Spiel entwickeln die Kinder ein Gefühl für Takt und Rhythmus.

Alter: ab 7 Jahren

Das Kind wiederholt ständig folgenden Vers, während es dazu im Takt zu jeder Silbe einen Schritt geht:

*Und eins und zwei und drei und vier und fünf und sechs und sieben,
ein Hut, ein Stock, ein himmelblauer Unterrock,
und vor, zurück, zur Seite, stehn.
Und eins und zwei ...*

Zu „vor, zurück, zur Seite, stehn" bleibt das Kind auf der Stelle stehen und setzt den rechten Fuß einmal nach vorne, einmal nach hinten, einmal zur Seite und einmal neben den anderen Fuß. Dann geht der Spaziergang im gleichen Rhythmus weiter.

Hinweis: Zu Hause spazieren Kinder auf diese Weise viele Runden ums Haus und durch den Garten, aber auch auf einem längeren Spaziergang, auf dem es meist schnell langweilig wird, oder beim Schulausflug schafft dieses Spiel eine willkommene Abwechslung und wird mit erstaunlicher Ausdauer gespielt.

Variation

Auf einer wenig befahrenen Straße oder einem Feldweg gehen alle Kinder nebeneinander und haken sich unter. Steht weniger Platz zur Verfügung, gehen alle hintereinander. Alle Kinder beginnen mit dem gleichen Fuß und marschieren im gleichen Takt los.

Meeresungeheuer

Alter: ab 4 Jahren
Material: alte Zeitung, Klebeband

Durch Losen wird ein Kind zum Meeresungeheuer bestimmt (s. S. 16), die anderen Kinder sind InselbewohnerInnen. Mehrere ausgebreitete Zeitungsbogen werden mit Klebeband zu einer großen Insel zusammengefügt, auf der alle BewohnerInnen bequem Platz finden.

Sie gehen gemeinsam vor ihrer Insel baden (Kinder laufen durch den Raum), bis plötzlich das Meeresungeheuer aus einer Raumecke vor der Insel auftaucht und wütend über die Störung in seinen Gewässern ein kleines Stück von der Insel abnagt (es reißt ein Stück von der Zeitung ab). Erschrocken retten sich alle BewohnerInnen zurück auf die Insel und verharren dort, bis das Ungeheuer wieder in den Fluten verschwindet (es läuft in eine

Toben und Turnen

Raumecke zurück). Die InselbewohnerInnen wiegen sich in Sicherheit und gehen wieder baden, bis das Meeresungeheuer erneut auftaucht.

Mit jedem Angriff des Ungeheuers wird die Insel kleiner und die BewohnerInnen müssen sich immer enger zusammen drängen um Schutz zu suchen. Schließlich wird der Platz so knapp, dass ein Bewohner nach dem anderen im Gedränge daneben tritt oder gar ins Wasser stürzt. Wer keinen Platz mehr findet oder daneben tritt, bevor das Meeresungeheuer wieder verschwunden ist, wird ebenfalls zum Ungeheuer und nagt in der nächsten Runde ebenfalls ein kleines Stück der Insel ab.

Wer es schafft, am längsten auf der Insel zu bleiben, wird in der nächsten Runde das erste Meeresungeheuer.

Wettlauf durchs Moor

 Alter: ab 5 Jahren
Material: Kreide oder Seile, 2 Schuhkartons pro Kind oder alte Zeitungen

Die Kinder markieren mit Kreide oder Seilen eine Start- und eine Ziellinie zwischen denen sich das Moor befindet. Um es überqueren zu können ohne darin zu versinken, brauchen die MoorläuferInnen „Spezialmoorschuhe", bestehend aus zwei Schuhkartons (oder kleinen Zeitungsseiten).

Alle Kinder stellen sich nebeneinander vor der Startlinie auf. Haben alle gemeinsam bis drei gezählt, wirft jeder einen Schuh(karton) vor sich auf den Boden und steigt mit beiden Füßen hinein. Jetzt wird der zweite Schuh platziert, hineingestiegen und der erste Schuh aufgehoben und erneut platziert. So tasten sich die MoorläuferInnen langsam voran, bis der erste die Ziellinie erreicht.

Toben und Turnen

Ball-ABC

Kinder trainieren Werfen und Fangen und üben hervorragend ihr Ballgefühl.

 Alter: ab 8 Jahren
Material: 1 Ball

Das Kind stellt sich mit seinem Ball vor eine Mauer oder ein Garagentor. Es prellt den Ball an die Wand und fängt ihn wieder auf, wobei es jedes Mal, wenn es den Ball fängt, laut einen Namen, ein Tier oder einen Beruf sagt. Dabei achtet es auf die Reihenfolge des Alphabets, also etwa: Anna, Benjamin, Carmen, Daniel ... oder Affe, Bär, Chamäleon, Dachs ...

Fällt dem Kind nicht rechtzeitig ein Begriff ein, beginnt es von vorn.

Variante ab 4 Jahren

Die Kinder achten nicht auf das Alphabet, sondern konzentrieren sich einfach darauf, jedes Mal einen anderen Namen oder ein anderes Tier zu nennen.

Nashornrennen

 Alter: ab 3 Jahren
Material: Kreide oder Seile, 1 Tennisball pro Kind oder Zeitungsbälle oder Luftballons

Die Kinder markieren mit Kreide oder Seilen eine Rennstrecke mit Start- und Ziellinie. Durch Auszählen (s. S. 14) wird eine Spielleitung bestimmt.

Alle Kinder gehen hinter der Startlinie in den Vierfüßlerstand und legen den Ball vor sich auf den Boden. Auf ein Startzeichen der Spielleitung hin müssen alle Kinder ihren Ball über die Rennstrecke ins Ziel treiben. Die Spielleitung achtet darauf, dass die Kinder als echte Nashörner dazu weder Hände noch Füße einsetzen, sondern den Ball nur mit der Nase voranstupsen.

Wer zuerst die Ziellinie überquert, hat gewonnen.

Hinweis: Jüngere Kinder kommen mit Zeitungsbällen besser zurecht, weil sie nicht so leicht davon rollen, wenn sie ihre Kraft noch nicht richtig dosieren können.

Toben und Turnen

Froschjagd

 Alter: ab 5 Jahren

Ein Kind wird durch Auslosen zum Storch bestimmt (s. S. 16) und stellt sich in die Mitte des Raumes auf die „Froschwiese". Die anderen Kinder werden zu Fröschen und gehen in die Hocke.

Wenn der Storch ruft: „*Ich habe Hunger!*", flüchten alle Frösche vor ihm, wobei der Storch möglichst viele von ihnen zu packen versucht. Dabei hüpft er nur auf einem Bein und klappt seine Arme wie einen Storchenschnabel von sich gestreckt auf und zu. Die Frösche quaken laut und bewegen sich nur hüpfend fort.

Alle gefangenen Frösche werden selbst zu Störchen und begeben sich mit auf die Froschjagd. Der Frosch, der sich bis zuletzt retten kann, wird der neue Adebar.

Vorbereitung:

Die Dosen und Schachteln in einer Reihe mit ausreichendem Abstand zueinander aufstellen, sodass ein Hindernisparcours entsteht.

Spielablauf:

Ein jüngeres Kind durchläuft die Bahn mit Hüpfball, Bobbycar oder Dreirad, ein älteres fährt mit Roller, Rollschuhen oder Inlineskates. Schafft es das Kind, den gesamten Parcours in Schlangenlinien zu durchfahren, ohne ein Hindernis umzustoßen?

Variante

 Die Kinder veranstalten einen kleinen Wettkampf: Wer durchfährt den Hindernisparcours am schnellsten?

Slalom

 Alter: ab 3 Jahren
Material: leere Konservendosen und Schachteln, Dreirad, Bobbycar, Hüpfball, Roller, Inlineskates, Rollschuhe; evtl. Stoppuhr

Löffelschnappen

 Alter: ab 6 Jahren
Material: 1 Löffel weniger als Kinder, Kreppband oder Seile

In der Mitte des Raumes werden die Löffel bereit gelegt. Mit dem Kreppband oder

Toben und Turnen

den Seilen markieren die Kinder einen großen Kreis um die Löffel herum und stellen sich am Kreisrand auf. Alle einigen sich auf ein „Schnappwort", z.B. „Himmel", „Maus" oder „Kind". Ein Kind wird durch Auszählen bestimmt (s. S. 14) und beginnt eine Geschichte zu erzählen, in der das Schnappwort vorkommt. Bei diesem Wort stürzen sich alle Kinder auf die Löffel, um einen davon zu ergattern. Wer leer ausgeht, erzählt die Geschichte weiter. Alle Kinder legen ihren Löffel wieder in die Mitte und warten auf das nächste „Schnappwort".

Variante

Vor jedem Durchgang bestimmt der Geschichtenerzähler eine Fortbewegungsart, in der sich die Kinder zu den Löffeln bewegen: auf einem Bein hüpfend, auf beiden Beinen hüpfend, auf Zehenspitzen laufend, rückwärts hüpfend ...

Hinweis: Je größer der zur Verfügung stehende Raum ist, desto bewegungsreicher wird das Spiel.

Purzelbaumrekord

Alter: ab 4 Jahren
Material: Stoppuhr oder Küchenwecker

Für dieses Spiel benötigt das Kind viel Platz. Es stellt den Küchenwecker auf ein oder zwei Minuten und schlägt möglichst viele Purzelbäume, bis der Wecker klingelt.

Kann es in der nächsten Runde seinen eigenen Rekord überbieten?

Varianten

- Die Kinder stellen sich mit ausreichendem Abstand nebeneinander auf. Gemeinsam zählen sie laut bis drei und jeder macht so schnell wie möglich zehn Purzelbäume. Wer ist als Erster fertig?

- **Ab 7 Jahren:** Die Kinder machen fünf Purzelbäume vorwärts und sofort anschließend fünf Purzelbäume rückwärts!

Seilziehen verkehrt

Alter: ab 5 Jahren
Material: Klebeband oder Seile

Mit dem Klebeband oder den Seilen markieren die Kinder eine Linie in der Raummitte. Sie bilden Paare und stellen sich jeweils Rücken an Rücken auf beiden Seiten der Linie mit etwas Abstand zueinander auf.

Toben und Turnen

Sie bücken sich, grätschen die Beine, strecken die Hände zwischen den Beinen durch und ergreifen die Hände ihres Partners. Auf ein Startzeichen hin beginnen beide Kinder zu ziehen. Wer zuerst die Mittellinie übertritt, hat verloren.

Variante

Die Kinder stellen sich Rücken an Rücken in zwei Reihen entlang der Mittellinie versetzt auf. Sie ergreifen durch die gegrätschten Beine mit der rechten Hand die Hand des rechten Gegenübers und mit der linken Hand die Hand des linken Gegenübers. Auf diese Weise entsteht eine Zickzack-Kette, wobei der Erste und der Letzte in der Kette mit beiden Händen eine Hand des Gegners ergreifen (s. kleine Abbildung).

Die Kinder der einen Reihe versuchen nun die Kinder der gegenüberstehenden Reihe über die Linie zu ziehen. Die Linie wird mehrmals überschritten, bis schließlich alle Kinder umpurzeln.

Im Mittelpunkt des Interesses steht hier nicht, die anderen über die Linie zu ziehen, sondern der Spaß daran, durcheinander zu purzeln.

Pfannentennis

 Alter: ab 5 Jahren
Material: 1 leichte Pfanne mit Griff und 1 Tennisball

Das Kind wirft den Ball in die Luft und fängt ihn mit der Pfanne wieder auf oder lässt ihn in der Pfanne hüpfen.

Variante ab 9 Jahren

 Die Kinder spielen einander den Ball mit den Pfannen wie beim Tennis zu. Dazu bedarf es schon einiger Geschicklichkeit!

Spielzeug – kunterbunt und selbst gemacht

Nach viel Bewegung und Aktion ist Kindern manchmal nach einer ruhigen Beschäftigung zu Mute, bei der sie sich nicht nur wenig bewegen, sondern auch weniger mit anderen Kindern in Aktion treten müssen. Spielzeug, das ein Kind mit seinen eigenen Händen anfertigen kann, ist dabei besonders beliebt. Die Herstellung des Spielzeugs macht Spaß und Kinder bleiben meist ausdauernd dabei, weil sie schon das anschließende Spiel als Ziel vor Augen haben.

Damit Kinder wirklich selbstständig malen, basteln und werkeln können, ist es wichtig, dass wir ihnen die entsprechenden Materialien so zur Verfügung stellen, dass sie von den Kindern eigenständig erreicht werden können. In einem großen Korb, der jederzeit bereit steht, können z.B. allerlei „wertlose" Materialien gesammelt werden wie alte Zeitungen und Zeitschriften, Wolle und Schnüre, Bänder, Geschenkpapierreste, Flaschenkorken, Bierdeckel, Pappteller und Pappbecher, Stoffreste, Styroporchips (Verpackungsmaterial), verschiedene Naturmaterialien usw.

Viele der folgenden Bastel- und Spielanregungen bestechen durch ihre Einfachheit, die erst ein selbstständiges Basteln und Spielen ermöglicht. Zur Vorbereitung ist für Kinder ab 3 Jahren gelegentlich Mithilfe nötig – Kinder ab etwa 5 Jahren können auch die Vorbereitungen schon allein durchführen.

Spielzeug – kunterbunt und selbst gemacht

Sandbilder

Alter: ab 4 Jahren
Material: festes, farbiges Papier (am besten Tonpapier), Klebestift, feiner, trockener Sand

Das Kind zeichnet die Umrisse von einfachen Figuren auf das Papier, z.B. einen Schmetterling, ein Herz, eine Blume usw.

Es trägt auf die Innenfläche des Bildes Klebstoff auf, streut vorsichtig den Sand darüber und verteilt ihn gleichmäßig.

Wenn der Klebstoff getrocknet ist, dreht das Kind das Blatt vorsichtig herum und der überschüssige Sand rieselt herunter – übrig bleibt ein hübsches Sandbild.

Hinweis: Mit farbigem Sand aus dem Bastelfachgeschäft lassen sich noch schönere Effekte erzielen.

Memory-Spiele

Alter: ab 5 Jahren
Material: Bierdeckel, Klebstoff, Schere, weißes Papier, Stifte, unterschiedliche Materialien in jeweils doppelter Ausführung: zwei gleiche Briefmarken oder jeweils zwei gleiche Blätter von Bäumen und Sträuchern, Geschenkpapier, Fotos …

Die Bildpaare auf die Bierdeckel kleben. Bedecken die Materialien den Bierdeckel nicht ganz oder wird darauf gemalt, wird die Aufschrift auf den Deckeln vorher mit weißem Papier überklebt.

- **Foto-Memory:** Alte Fotos und Prospektbilder werden in zwei Teile zerschnitten, sodass die zueinander passenden Teile gefunden werden müssen.

- **Farben-Memory:** Auf einen Deckel malen die Kinder ein Farbfeld und auf den anderen Deckel einen Gegenstand in der passenden Farbe, z.B. rot – Tomate, grün – Gurke, gelb – Sonne, orange – Orange, grau – Elefant …

- Schulanfänger stellen ein **Buchstaben-Memory** her: Sie schreiben auf den einen Deckel den großen Druckbuchstaben und auf den anderen den kleinen Buchstaben. Oder sie schreiben auf den einen Deckel die Buchstaben und malen auf den anderen einen Gegenstand, der mit diesem Buchstaben beginnt. So wächst das Memory-

Spiel mit dem Buchstabenschatz, den das Kind kennt. Zum Beispiel: Auf den einen Deckel wird Aa geschrieben, auf den anderen das Bild eines Apfels gemalt oder geklebt.

- **Rechen-Memory:** Die Kinder schreiben auf einen Deckel eine Zahl und malen auf einen anderen das entsprechende Würfelbild oder eine entsprechende Anzahl gleicher Gegenstände, also etwa: 3 – drei Bälle, 5 – fünf Enten ...

Tastmemory

Alter: ab 4 Jahren
Material: 1 Schachtel oder Zigarrenkiste, Wasserfarben, Pinsel, Stoffreste verschiedener Stoffqualitäten (Wolle, Baumwolle, Jeansstoff, Leinen, Seide, Filz, Leder, Jute, Teddystoff, Frottee, Kordstoff, Vlieseline, Kunstfasern ...), evtl. Zick-Zack-Schere

Vorbereitung:

Die Schachtel oder Kiste bunt bemalen, sodass sie hübscher aussieht.

Aus den unterschiedlichen Stoffen je zwei Quadrate gleicher Größe zuschneiden.

Spielablauf:

Das Kind greift mit geschlossenen Augen in die Tastkiste und sucht die Stoffpaare heraus, die zusammengehören. Wenn es glaubt, ein passendes Paar gefunden zu haben, öffnet es die Augen und kontrolliert das Stoffpaar. Passt es nicht, kommt es zurück in die Kiste. Passen die Stoffe zusammen, werden sie zur Seite gelegt und das Kind greift erneut mit geschlossenen Augen in die Kiste.

Variante ab 5 Jahren

Jedes Kind sucht so lange passende Stoffpaare aus der Kiste, bis es einen Fehlgriff tut, dann ist das nächste Kind an der Reihe.

Wer hat am Schluss die meisten Stoffpaare gefunden?

53

Farben und Formen

Alter: ab 3 Jahren
Material: festes Tonpapier oder Fotokarton in verschiedenen Farben, Stifte, Schere

Vorbereitung:

Auf den Fotokarton Kreise und Quadrate mit etwa 15 cm Durchmesser bzw. Kantenlänge aufzeichnen und ausschneiden.

Spielablauf:

Es gibt sehr viele Möglichkeiten, mit den bunten Papierscheiben zu spielen. Das Kind legt damit Muster und Figuren, etwa Blumen, Häuser oder Bäume.

Oder es schafft mit den Papierscheiben Schleichwege und Straßen, über die es balanciert und springt. Die Scheiben verwandeln sich zu Inseln im Meer oder sie werden zu Steinen in imaginären Pfützen oder sie verwandeln sich in einen schmalen Bergpfad, der überwunden werden muss, ohne daneben zu treten …

Achtung: Setzen Kinder die Scheiben zu Bewegungsspielen ein, muss auf den Untergrund geachtet werden: Auf sehr glattem Boden können die Scheiben beim Draufspringen verrutschen und die Kinder hinfallen.

Flohspiel

Alter: ab 4 Jahren
Material: 1 großes Stück Pappe, Stift, Wasserfarben, Pinsel, Knöpfe; evtl. Becher, Teller und Schüsseln als Schablonen

Vorbereitung:

Aus der Pappe eine große Zielscheibe ausschneiden und mit den Schablonen drei verschieden große Kreise aufzeichnen.

Die so entstandenen Zielringe in verschiedenen Farben anmalen und evtl. zusätzlich mit Punktzahlen versehen: Im Innenkreis gibt es drei Punkte, im mittleren Ring zwei und ganz außen einen Punkt. Die Punktzahlen werden dazu wie bei einem Würfel aufgemalt.

Spielablauf:

Im Stehen, Sitzen oder Liegen nimmt das Kind vor der Zielscheibe auf dem Boden Platz und wirft mit den Knöpfen auf die Scheibe. Zunächst übt es, die Scheibe sicher zu treffen. Gelingt ihm das schon, wirft es möglichst viele Knöpfe in den Innenkreis. Klappt auch das, vergrößert das Kind seinen Abstand zur Zielscheibe oder wechselt aus dem Liegen ins Sitzen oder Stehen bzw. umgekehrt.

Varianten ab 6 Jahren

- Hat das Kind mehrere Knöpfe auf der Zielscheibe platziert, zählt es seine Punkte zusammen: Wie viele Punkte schafft es bei drei Durchgängen? Kann es seinen Rekord überbieten?

- Jedes Kind erhält die gleiche Anzahl Knöpfe. Die Kinder werfen abwechselnd mit ihren Knöpfen auf die Zielscheibe. Nach jedem Treffer notieren sie ihre erreichten Punkte auf einem Zettel. Wer hat nach fünf Durchgängen die meisten Punkte erreicht?

Bei größeren Kindergruppen bilden die Kinder mehrere kleine Teams (s. S. 18) und zählen ihre Punkte als Gruppenergebnis zusammen.

Hinweis: Anstatt mit Knöpfen kann auch im Freien mit Steinen gespielt werden. Die Kinder zeichnen die Zielscheibe mit Kreide auf Asphalt oder mit einem Stock in den Sand.

Berg-und-Tal-Bahn

Alter: ab 4 Jahren
Material: Papprollen, Malstifte, 1 kleines Stück durchsichtige Folie, Klebeband, Trinkhalm, Schere, Nähgarn, kleine Spielzeugfiguren; evtl. Kastanien, Spielzeugautos u. Ä., 1 Luftballon

Vorbereitung:

Das Kind bemalt die Papprolle, sodass daraus eine richtige Gondel entsteht mit Fenstern, aus denen vielleicht sogar Menschen herausschauen.

An das eine Ende der Gondel wird mit Klebeband die durchsichtige Folie angebracht. Sie dient als Ausguck für die Fahrgäste und verhindert zugleich, dass diese bei der Talfahrt aus der Gondel stürzen.

Menschen, kleine Spielzeugfiguren. Eine rege Berg- und Talfahrt beginnt: Das Kind legt eine kleine Spielfigur in die Gondel und schiebt sie damit den Berg hoch oder lässt sie ins Tal gleiten. Die Menschen auf dem Berg benötigen natürlich auch Proviant und Decken oder haben Abfälle zu entsorgen. Die Seilbahn muss deswegen auch Lasten, etwa Kastanien als Nahrung, Spielzeug-Autos und vieles mehr von der Tal- zur Bergstation bringen.

Variante: Über den Fluss

Als Gondel kommt ein aufgeblasener Luftballon zum Einsatz, der ebenfalls mit einem Stück Plastiktrinkhalm versehen wird. Hier soll mit der Gondel kein Höhenunterschied überwunden werden, sondern die Entfernung von einem Flussufer zum nächsten. Dazu wird das Garn ungefähr waagerecht angebracht und das Kind pustet den Ballon von einer Station zur anderen, ohne den Ballon dabei zu berühren.

Ein Stück Trinkhalm mit Klebeband längs an der Gondel befestigen.

Das Garn durch den Trinkhalm fädeln und das eine Ende an einer Stuhllehne, einer Türklinke oder einem Möbelstück befestigen, etwas höher als das andere Ende, das in einiger Entfernung so an einem anderen Möbelstück festgebunden wird, dass das Garn gespannt ist.

Spielablauf:

Das Kind richtet eine Berg- und Talstation ein. Auf dem Berg und im Tal wohnen

Spielzeug – kunterbunt und selbst gemacht

Schüttelglas

Alter: ab 4 Jahren
Material: 1 Glas mit Schraubverschluss, 1 kleine Plastikfigur, wasserfester Klebstoff, etwas Spülmittel, kleine (weiße) Perlen und Glitterteile (Faschings- oder Weihnachtsdekoration); evtl. weißes Granulat

In den Deckel des Glases wird eine kleine Plastikfigur geklebt und das Glas mit Wasser und einem kleinen Spritzer Spülmittel gefüllt.

Die kleinen Perlen oder Glitterteile werden eingefüllt und das Glas fest verschlossen.

Dreht das Kind das Glas um und schüttelt es, schweben die kleinen Perlen auf die Figur herunter. Werden weiße Perlen oder Granulat verwendet, sieht es aus, als würde es schneien.

Becherball

Alter: ab 4 Jahren
Material: 1 Jogurtbecher mit einem Loch im Boden (von einem Erwachsenen mit einer glühenden Nadel gestochen), Schnur (ca. 30-40 cm lang), 1 große Perle (ca. 2 cm Ø)

Durch das Loch im Boden die Schnur in den Becher ziehen und von außen mit einem dicken Knoten sichern.

An das Ende der Schnur die Holzperle knoten. Und schon kann's losgehen: Das Kind nimmt den Becher in die Hand, schleudert die Perle an der Schnur hoch und fängt sie mit dem Becher auf.

Variante

Die Kinder tragen miteinander einen kleinen Wettbewerb aus: Wer landet mit zehn Versuchen die meisten Treffer? Wer schafft die meisten Treffer hintereinander?

57

Spielzeug – kunterbunt und selbst gemacht

Kreisel

Alter: ab 5 Jahren
Material: 1 runder Bierdeckel, Tonpapier, Klebstoff, Schere, Wasserfarben und Pinsel oder Malstifte, Dübelstab (Holzstab, ca. 5 mm Ø und 8 cm Länge), Spitzer; evtl. Klebeband

Den Bierdeckel mit Tonpapier möglichst bunt bekleben oder bunt anmalen, z.B. mit bunten Kreisen oder Ringen, mit Spiralen in unterschiedlichen Farben... Malen die Kinder einen Halbkreis z.B. in Blau und den anderen in Gelb, mischen sich die Farben beim Drehen zu Grün.

Den Dübelstab auf einer Seite etwas anspitzen.

In die Mitte des Bierdeckels mit dem Stab ein Loch bohren und den Dübelstab durchschieben, dabei evtl. mit Klebeband etwas fixieren.

Kindern macht es viel Spaß, mit dem Kreisel zu spielen und zu beobachten, wie neue Farben und Formen entstehen, sobald der Kreisel sich dreht.

Spielzeug – kunterbunt und selbst gemacht

Murmelfußball

Hier wird die Feinmotorik, besonders die Auge-Hand-Koordination angeregt.

 Alter: ab 4 Jahren
Material: 1 Schuhkartondeckel mit hohem Rand, buntes Papier, Kleber, Schere, Stifte, 1 große Murmel

Vorbereitung:

Das Kind umklebt den Deckel mit buntem Papier.

An den vier Seiten malt es je ein Tor von innen auf den Rand und versieht die Tore mit Punktzahlen von eins bis vier.

Spielablauf:

Das Kind legt die Murmel in den Deckel und setzt sie in Bewegung, indem es den Deckel hin und her bewegt oder schräg hält:

- Kann es die Tore genau treffen?
- Wie viele Punkte erreicht es damit?
- Gelingt es ihm, die Tore in einer bestimmten Reihenfolge zu treffen, z. B. reihum?

Variante

Statt der Tore schneidet das Kind Löcher in den Rand bis zum Boden des Deckels.

Das Kind lässt die Murmel so im Deckel rollen, dass die Löcher geschickt umgangen werden und die Murmel nicht herausfällt.

Kastanienbahn

 Alter: ab 4 Jahren
Material: mehrere lange Papprollen, Wasser- oder Fingerfarben, breites Klebeband, Schnur, 1 Körbchen oder Schachtel, Kastanien (ersatzweise Murmeln o. ä. Kleinteile)

Das Kind malt mehrere Papprollen bunt an.

Sind die Rollen getrocknet, werden sie mit dem Klebeband zu einer Bahn senkrecht aneinander geklebt.

Die Kastanienbahn wird an einer Stuhllehne oder oben an einem Tischbein festgebunden, sodass sie schräg steht.

Vor die untere Öffnung stellt das Kind eine Schachtel oder ein Körbchen, in das die Kastanien hinein purzeln, die durch die Bahn sausen – und schon geht's los.

59

Spielzeug – kunterbunt und selbst gemacht

Hinweis: Ältere Kinder können schräge Zick-Zack-Bahnen entstehen lassen und dafür die Rollen entsprechend zuschneiden.

Pappteller-Masken

Pappteller eignen sich ideal, um daraus durch Verzieren mit allerlei Krimskrams Masken anzufertigen.

Alter: ab 4 Jahren
Material: Pappteller, Schere, Malstifte, verschiedene Materialien (Krepppapier, Pfeifenputzer, Watte, bunte Papierreste, Wollreste etc.), Klebstoff, Klebeband, 1 Papprolle oder Gummiband

Für die Augen Löcher in den Teller schneiden und die Maske ganz nach Belieben bemalen und bekleben:

- ein Clowngesicht, am unteren Tellerrand verziert mit einer großen Schleife aus Krepppapier
- ein Katzengesicht mit vielen Schnurrhaaren aus Pfeifenputzern
- ein Großvater mit einem langen, weißen Wattebart …

Ist die Maske fertig gestellt, bringt das Kind entweder mit Klebeband eine Papprolle als Griff an, damit es sich die Maske vor das Gesicht halten kann, oder es befestigt an den Seiten Gummiband und setzt sich die Maske auf.

Hinweis: Pappteller-Masken eignen sich auch als Faschingsdekoration oder können jederzeit für ein kleines Theaterspiel genutzt werden.

Fallschirm

Alter: ab 8 Jahren
Material: Stofftaschentuch oder Stoffrest, Schere, Faden, kleiner Metallring (Schlüsselring oder Beilagscheibe, ersatzweise etwas Draht) 1 kleine, leichte Plastikfigur; evtl. Stoffmalfarbe

Vorbereitung:

Den Stoff zu einem Quadrat schneiden. Wer mag, bemalt den Stoff mit Stoffmalfarbe.

Vier gleich lange Fäden an die Ecken des (getrockneten) Tuches knoten.

Die Fäden mit der anderen Seite an den Metallring knoten. Dabei muss darauf geachtet werden, dass die Fäden die gleiche Länge behalten.

Spielzeug – kunterbunt und selbst gemacht

Mit einem weiteren Faden die Spielzeugfigur an den Ring binden.

Spielablauf:
- Das Kind lässt den Fallschirm von einem Stuhl oder Tisch aus fallen und zu Boden segeln.
- Ein längerer Flug ist im Treppenhaus oder von einem Fenster oder Balkon aus möglich.
- Das Kind rollt den Fallschirm vorsichtig zusammen und wirft ihn möglichst hoch in die Luft – entfaltet er sich rechtzeitig, um sanft zu Boden zu schweben?

Gespenster und Hexen

Alter: ab 4 Jahren
Material: Tücher oder Stoffwindeln, Füllwatte, Schnur, Stoffmalfarben, Stoffreste, Schere, Kleber

In die Mitte des Tuches Füllwatte oder ein weiteres, zusammengeknülltes Tuch legen.

Das Tuch über der Füllung zusammenfassen und mit einer Schnur umwickeln.

Dem Gespenst ein Gesicht aufmalen.

Soll eine Hexe entstehen, wird aus einem Stoffrest ein Kopftuch geschnitten, um den Kopf der Figur gebunden und mit ein paar Tupfern Kleber fixiert.

Das Kind steckt den Zeigefinger von unten in den Kopf seines Gespenstes oder seiner Hexe und lässt es auf seiner Hand tanzen. Dazu gibt die Figur schaurige Geräusche von sich.

Doppelt gemoppelt

Wir orientieren uns in unserer Welt meistens durch Sehen und Hören – schade eigentlich! Dieses Spiel regt dazu an, hin und wieder auch mit den Händen zu „sehen" und für Berührungen sensibel zu bleiben.

Alter: ab 4 Jahren
Material: 2 Körbe oder Schachteln, verschiedenes Tastmaterial (je zwei Stück, z.B. 2 Schlüssel, 2 Knöpfe, 2 Perlen, 2 Nudeln ...), Tücher

Das Kind sucht aus der Spielecke, der Bastelecke, aber auch der Küche und anderen Räumen möglichst viel „Tastmaterial" in doppelter Ausführung zusammen.

In jeden der beiden Körbe legt das Kind je einen der gleichen Gegenstände.

Das Kind deckt die Körbe mit Tüchern ab, bevor es mit beiden Händen gleichzeitig in je einen Korb greift. Hat es zwei passende Paare durch Tasten gefunden, nimmt es sie heraus und legt sie neben sich auf den Boden. Passen die Teile nicht zusammen, legt es sie zurück in die Körbe und startet einen neuen Versuch.

Steckspiel

Alter: ab 4 Jahren
Material: 1 Schuhschachtel mit Deckel, Schere, allerlei Krimskrams (Stifte, Bauklötze, Schraubdeckel, Würfel, große Perlen, Nudeln, Knöpfe, Erbsen usw.)

In den Deckel der Schuhschachtel schneidet das Kind Löcher in unterschiedlicher Größe und Form. Es legt möglichst viele verschiedene Gegenstände bereit und probiert aus, welcher Gegenstand durch welche Öffnung passt. Hier gilt es, die Größen richtig abzuschätzen. Vor allem jüngere Kinder haben viel Spaß daran und wiederholen dieses Spiel mit großer Ausdauer.

Geschenkpapier

Viele der selbst gebastelten Spiele aus diesem Kapitel eignen sich wunderbar als kleine Geschenke z.B. zu Kindergeburtstagen. Wird das Geschenk zusätzlich in selbst gestaltetes Geschenkpapier verpackt und eine schöne Grußkarte dazu gelegt, kann es sich auf jedem Geburtstagstisch sehen lassen!

Alter: ab 3 Jahren
Material: verschiedenfarbiges Seidenpapier, große Bögen weißes Papier, Pinsel

Das Kind reißt das Seidenpapier in kleine Schnipsel.

Die Schnipsel verteilt es auf den großen Bögen Papier und bepinselt sie mit etwas Wasser, sodass die Schnipsel kleben bleiben. Wer genügend Geduld hat, kann so lange Schnipsel aufkleben, bis das ganze Papier bedeckt ist. Wer weniger ausdauernd ist, lässt etwas Platz zwischen den einzelnen Schnipseln.

Ist das Papier getrocknet, schüttelt das Kind alle Schnipsel herunter: Darunter ist eine hübsche, bunte Marmorierung entstanden.

Grußkarten mit Wunderblumen

Alter: ab 4 Jahren
Material: weißes DIN A 4 Papier, Finger- oder Wasserfarben, Pinsel, verschieden dicke Garn- und Wollfäden (ca. 30 cm lang), 1 dicker Katalog, Tonpapier (DIN A 4) in verschiedenen Farben, Kleber

Das Kind faltet das Papier einmal in der Mitte zu einer Karte und klappt es wieder auf.

Es taucht verschiedene Stellen eines Garnfadens in drei bis vier Fingerfarben, die mit Wasser verdünnt werden, wobei ein Ende des Fadens zum Festhalten frei von Farbe bleibt. Ältere Kinder färben das Garn mit dem Pinsel und verschiedenen Wasserfarben ein.

Der farbige Faden wird in Form eines Kreises, einer Acht oder einer Wellenlinie auf die eine Seite der offenen Karte gelegt, sodass das unbemalte Ende des Fadens über den Blattrand hinausragt.

Das Kind klappt die Karte wieder zusammen und legt sie mit dem eingeklemmten Faden in einen dicken Katalog. Es klappt den Katalog zu und drückt mit einer Hand darauf. Mit der anderen Hand zieht es den Faden zwischen der Karte hervor, wodurch die Wunderblume entsteht.

Wer mag, wiederholt den Vorgang mit Woll- oder anderen Fäden und zaubert auf diese Weise mehrere Wunderblumen auf das Papier.

Sind die Blumen auf dem Papier getrocknet, sucht sich das Kind einen Bogen farblich passendes Tonpapier aus. Er wird ebenfalls auf der Hälfte gefaltet und das Papier mit den Wunderblumen in die stabile Pappkarte geklebt.

Im Haus und unterwegs

Im Haus und unterwegs

Gerade wenn das Wetter Kindern lange einen Strich durch die Rechnung macht und es wenig Gelegenheit gibt um nach draußen zu gehen, entsteht schnell Langeweile und Missmut. Zu Hause, aber auch im Restaurant, unterwegs im Auto, im Zug oder unter anderen beengten Bedingungen sind oft nur Spiele möglich, bei denen es nicht zu laut und zu lebhaft zugeht.

Auch in Kindergruppen gibt es immer wieder Situationen, in denen Kinder eher ruhig und konzentriert spielen sollen, oder nach einer wilden Toberei ist eine leisere Beschäftigung angesagt, um die Kinder wieder zur Ruhe zu bringen.

In der Schule ergeben sich hin und wieder kurze Lücken zwischen zwei Schulstunden oder eine Freistunde, die mit einem ruhigen Spiel gefüllt werden kann. Bei den folgenden Spielen geht es aber nichts desto trotz meist recht lustig zu.

Im Haus und unterwegs

Spinnennetz

Alter: ab 4 Jahren
Material: Wollknäuel

Das Kind stellt zwei Stühle mit etwa zwei Metern Abstand zueinander auf. Es spannt mit der Wolle kreuz und quer Fäden zwischen den Stühlen, bis ein dichtes Spinnennetz entstanden ist. Durch das fertige Netz krabbelt und turnt das Kind, ohne jedoch dabei die Fäden zu zerreißen!

Kann es das Netz auch zum Schluss wieder aufzulösen, ohne die Wolle abreißen zu müssen?

Blitzlicht

Alter: ab 3 Jahren
Material: 1 Taschenlampe

Der Raum wird abgedunkelt. Ein Kind, das durch Auszählen bestimmt wird (s. S. 14), nimmt die Taschenlampe und leuchtet damit kreuz und quer durch den Raum. Blitzartig lässt es den Lichtstrahl auf einem Gegenstand stehen. Wer den Gegenstand als Erster richtig benennt, darf als Nächster leuchten.

Variante für ältere Kinder

Ein Kind beleuchtet mit der Taschenlampe nacheinander zwei oder drei Gegenstände. Wer als Erstes einen witzigen Satz bilden kann, in dem alle Gegenstände vorkommen, leuchtet als Nächster.

Kniffelei

Ein kniffliges Spiel, mit dem Kinder ganze (Regen-)Nachmittage verbringen.

Alter: ab 7 Jahren
Material: 8 Steine pro Kind, ersatzweise Nüsse oder Kastanien o. Ä.

Die Kinder finden sich in Paaren zusammen und legen ihre 16 Steine in vier Reihen zu je vier Steinen auf den Tisch. Abwechselnd nehmen sie einen bis vier Steine aus einer Reihe weg. Aber aufgepasst! Wer den letzten Stein wegnehmen muss, hat verloren.

Hinweis: Das Spiel kann auch im Freien fast überall gespielt werden: Sind die Kinder am Strand, suchen sie Muscheln, im Wald können sie mit Tannenzapfen spielen – etwas Passendes findet sich fast überall.

Im Haus und unterwegs

Lastesel

Alter: ab 5 Jahren
Material: 1 Augenbinde

Ein Kind verbindet dem anderen die Augen. Es führt das blinde Kind durch das Zimmer und lässt es mit seiner Hand verschiedene Gegenstände berühren. Kann es erraten, worum es sich handelt? Alles, was es beim ersten Abtasten nicht erkennt, wird ihm umgehängt, über Arme und Schultern gelegt oder auf den Kopf gestülpt. Das geht so lange, bis das Kind nichts mehr tragen kann.

Dann nimmt ihm sein Partner die Augenbinde ab – es wird Augen machen, wenn es all seine Lasten sieht ...

Verkleidungsmarathon

Alter: ab 4 Jahren
Material: Verkleidungskiste mit möglichst vielen, ausgefallenen Requisiten (z.B. Taucherbrille, Gummistiefel, Schwimmflossen, Pudelmütze ...), Küchenwecker

Die Kinder legen alle Kleidungsstücke und Requisiten in die Mitte des Zimmers auf einen großen Haufen. Ein Küchenwecker wird gestellt und alle zählen gemeinsam laut bis drei. Daraufhin laufen alle Kinder schnell los, um sich möglichst viele Kleidungsstücke gleichzeitig anzuziehen.

Wenn der Wecker klingelt, zählt jedes Kind nach, wie viele Kleidungsstücke es überstreifen konnte. Wer hat die meisten Kleidungsstücke geschafft?

Variante

Statt möglichst viele Teile anzuziehen, ziehen sich die Kinder möglichst lustig an: Wer findet eine witzige Erklärung, warum er zur Pudelmütze unbedingt Schwimmflossen benötigt und der Bikini ohne Schal undenkbar ist ...

Im Haus und unterwegs

Schlüsselverstrickung

Alter: ab 4 Jahren
Material: mehrere Meter reißfeste Schnur (Paketschnur), 1 möglichst großer Schlüssel

Die Kinder binden den Schlüssel fest an das Ende der Schnur und stellen sich im Kreis auf.

Ein Kind nimmt den Schlüssel und befestigt das Schnurende an seinem Handgelenk. Es wendet sich seinem Nachbarn zu und schiebt den Schlüssel durch dessen Jackenärmel, durch das Hosenbein oder durch den Bauch- zum Halsausschnitt – alle Öffnungen, die sich in den Kleidungsstücken finden lassen, sind erlaubt, um eine neue „Verstrickung" herzustellen. Das nächste Kind nimmt den Schlüssel und schiebt ihn wiederum seinem Nachbarn durch den Träger der Latzhose ...

Schließlich sind alle Kinder miteinander verstrickt. Um wieder von einander los zu kommen, muss der Schlüssel den gleichen Weg wieder zurückfinden. Schafft er das?

Ein kitzeliges Spiel, bei dem der kalte Schlüssel manchmal auf der nackten Haut eine Gänsehaut verursacht.

Variante für ältere Kinder

Können sich die verstrickten Kinder gemeinsam in eine Richtung bewegen, ohne dass die Schnur reißt oder jemand umfällt?

Feuerwehr

Alter: ab 5 Jahren

Ein Kind wird durch Auszählen zur Spielleitung bestimmt (s. S. 14). Es überlegt sich einen Gegenstand, der im Haus zu finden ist (Blatt Papier, Büroklammer, Löffel etc.) und nennt ihn den anderen Kindern. Alle laufen gleichzeitig los auf der Suche nach einem solchen Gegenstand. Wer ist so schnell wie die Feuerwehr und bringt ihn der Spielleitung als Erster? Der Schnellste darf sich den nächsten Gegenstand ausdenken.

Varianten

- **Größere Kindergruppen** teilen sich in zwei Teams (s. S. 18) und es spielen jeweils nur zwei Kinder gegeneinander. Wer als Erster mit dem Gegenstand zurück ist, erhält einen Punkt und die nächsten beiden Kinder sind an der Reihe. Welches Feuerwehr-Team hat nach einem Durchlauf die meisten Punkte gesammelt?

67

Im Haus und unterwegs

- **Älteren Kindern** nennt die Spielleitung nur eine Eigenschaft eines Gegenstandes, z.B. etwas Rundes, etwas Kuscheliges, etwas aus Holz, etwas, das kleiner ist als eine Streichholzschachtel …

Streichholzturm

Alter: ab 5 Jahren
Material: 1 leere Flasche, 1 Packung Streichhölzer

Das Kind legt die Streichholzschachtel offen neben die leere Flasche und stapelt möglichst viele Hölzer auf der Flaschenöffnung übereinander. Wie viele kann es dort unterbringen, bis alle Streichhölzer herunter purzeln? Kann es seinen eigenen Rekord überbieten?

Aschenputtel

Alter: ab 3 Jahren
Material: 1 Topf, 1 Packung Erbsen, 1 Packung Linsen, 2 kleinere Schüsseln, Küchenwecker; evtl. 1 Pinzette und 2 kleine Schüsseln pro Kind, Waage

Das Kind schüttet die Erbsen und Linsen bunt gemischt in den Topf. Es stellt die beiden Schüsseln daneben und beginnt möglichst rasch alle Erbsen in die eine und alle Linsen in die andere Schüssel zu sortieren:

- Wie lange braucht es dazu?
- Wird es fertig, bis der Küchenwecker klingelt?
- Kann das Kind die Erbsen und Linsen mit einer Pinzette sortieren?

Variante

Jedes Kind bekommt seine eigenen beiden Schüsseln und eine Pinzette. Die Kinder sortieren reihum aus dem großen Topf – wem eine Linse oder Erbse aus der Pinzette fällt, muss den Topf weiterreichen. Zum Schluss zählen oder wiegen die Kinder ihre Beute: Wer hat die meisten Erbsen, wer die meisten Linsen?

Im Haus und unterwegs

Sprachspielereien

Mit Buchstaben, Wörtern und kleinen Versen kann fast überall bei jeder Gelegenheit gespielt werden. Viele der folgenden Spiele eignen sich für Kinder ab dem Schulalter.

Zungenbrecher

Alter: ab 5 Jahren

Beim „Zungenbrecher" müssen Kinder sehr ähnlich klingende Laute erkennen und unterscheiden.

Es ist gar nicht so leicht, die Sätze möglichst schnell und fehlerfrei zu wiederholen:

In Ulm und um Ulm und rund um Ulm herum.

Die Katze tritt die Treppe krumm.

Blaukraut bleibt Blaukraut und Brautkleid bleibt Brautkleid.

Fischers Fritz fischt frische Fische, frische Fische fischt Fischers Fritz.

Zwischen zwei Zwetschgenzweigen zwitschern zwei geschwätzige Schwalben.

Wir Wiener Waschweiber würden weiße Wäsche waschen, wenn wir wüssten, wo warmes, weiches Wasser wär'.

Wer Lust hat, erfindet selbst einen Zungenbrecher, z.B.:

Montags malen Montagsmaler mit Musik, mit Musik malen Montagsmaler Montags.

Krumm und dumm und dumm und krumm und krumm und dumm ...

Kuhschwanz

Alter: ab 5 Jahren

Ein Kind wird durch Auszählen (s. S. 14) zum Fragesteller bestimmt und beginnt mit selbst ausgedachten Fragen die erste Runde. Er geht von Kind zu Kind und fragt z.B.: *„Womit spielst du am liebsten? Was ist dein Leibgericht? Was nimmst du immer mit zu Bett? Was wünschst du dir zu Weihnachten?"* Da die befragten Kinder ausschließlich mit dem Wort „Kuhschwanz" antworten dürfen, ergeben sich häufig komische Situationen – wer jedoch lacht, muss selbst solange Fragen stellen, bis ihn der Nächste ablöst, der sich das Lachen nicht mehr verbeißen kann.

Zusätzlich hat jeder Fragesteller die Möglichkeit, sich eine neue Standard-Antwort einfallen zu lassen, etwa „*Pferdeäpfel*", „*Eselsohren*", „*Rattendreck*" ...

Im Haus und unterwegs

Buchstabendetektive

Alter: ab 5 Jahren
Material: alte Zeitungen und Zeitschriften, (Markier-)Stifte

Schon Vorschulkinder kennen meist die Buchstaben ihres Namens. Sie suchen einen bestimmten Buchstaben auf einer Zeitungsseite und markieren ihn mit dem Stift. Findet das Kind wirklich alle Buchstaben?

Variante

Jedes Kind erhält eine Zeitungsseite: Wer findet die meisten vorgegebenen Buchstaben innerhalb einer bestimmten Zeit?

Zum Schluss kontrollieren die Kinder gegenseitig ihre Texte: Wer hat wirklich alle Buchstaben auf *seiner* Seite gefunden?

Hinweis: Die Texte sollten nicht zu lang oder klar eingegrenzt und die Schrift gut lesbar sein, damit die Kinder nicht überfordert werden. Mit der Zeit werden die Texte immer umfangreicher. Gerade für Schulanfänger ist das eine gute Übung, um sich neu gelernte Buchstaben einzuprägen und auch ähnliche Buchstaben wie d und b oder p und q sicher zu unterscheiden.

Schüttelwörter

Alter: ab 8 Jahren
Material: alte Zeitung, Schere, Stift, Zettel

Das Kind sucht aus einer Zeitung ein langes oder mehrere kurze Wörter heraus und schneidet sie aus. Um daraus Schüttelwörter zu machen, schneidet es die einzelnen Buchstaben dieses Wortes auseinander und bildet durch eine veränderte Reihenfolge neue Worte. Dabei müssen nicht alle Buchstaben wieder benutzt werden, sondern es reichen zwei oder drei. Ein Beispiel:

FERNSEHPROGRAMM

am, Arm, Ar, er, es, Ehre, Erna, Ferse, fern, famos, fahren, Faser, Farm, Farn, fegen, Gans, Gramm, Gras, gar, gern, Hose, Hase, Hans, Hof, Garn, geh, gehen, sagen, See, Segen, sehr, so, Sog, sogar, Magen, mager, mehr, morsen, Morgen, Nager, Nase, nah, Name, pro, ragen, Rahmen, Regen, Reh, roh, Rom, Rose, Samen, See, Sorge ...

Im Haus und unterwegs

Alle neuen Worte schreibt das Kind auf und zählt zum Schluss, wie viele Worte es „zusammengeschüttelt" hat.

Hinweise:

- Dieses Spiel führt zu einer Förderung der Lese- und Rechtschreibfähigkeit. Manche Kinder kommen schnell auf einen Trick, etwa Reimwörter zu bilden und zu kontrollieren, ob der fehlende Buchstabe zur Verfügung steht (z.B. Regen, Segen, fegen ...).
- Ist unterwegs keine Zeitung zur Hand, schreibt das Kind das Ausgangswort in großen Buchstaben auf einen Zettel.

Variation

Alle Kinder schneiden die gleichen Worte aus der Zeitung aus oder schreiben das gleiche Ausgangswort auf. GewinnerIn ist, wer innerhalb einer bestimmten Zeit die meisten Schüttelwörter findet.

Gefüllte Kalbsbrust

Alter: ab 9 Jahren
Material: Papier und Stifte

Das Kind überlegt sich ein Wort, das es einmal links auf seinem Papier von oben nach unten aufschreibt und ein zweites Mal rechts auf seinem Papier von unten nach oben. Diese beiden Worte bilden die „Kalbsbrust", die „gefüllt" werden muss: Dazu schreibt das Kind Wörter in seine Kalbsbrust, die mit dem Buchstaben auf der linken Seite beginnen und mit dem Buchstaben auf der rechten Seite aufhören. Zum Beispiel:

H	AN	D
A	CHTERBAH	N
U	LTR	A
S	HO	W
W	ACH	S
A	CKERBA	U
N	IGERI	A
D	AC	H

Im Haus und unterwegs

Variation

Die Kinder überlegen sich ein gemeinsames Wort und füllen ihre Kalbsbrust um die Wette. Nach einer bestimmten Zeit liest jedes Kind seine Wörter vor: Wer hat die meisten Wörter gefunden?

Hinweise:

- Wenn die Kinder zum Schluss ihre Wörter vergleichen und doppelte Wörter ausstreichen, wird jedes Kind sich bemühen, besonders schwierige oder ausgefallene Wörter zu finden.

- Wer zu einer Buchstabenkombination kein Wort findet, kann auch ein Wörterbuch oder ein Lexikon zurate ziehen.

SilbenkönigIn

Alter: ab 8 Jahren
Material: Papier, Stifte, Zeitung, Küchenwecker

„SilbenkönigIn" ist eine Abwandlung des bekannten „Stadt-Land-Fluss-Spiels":

Das Kind zeichnet eine Tabelle mit sechs Spalten. Anstatt der üblichen Kategorien wird die Liste wie in der Abbildung unten überschrieben:

Im Haus und unterwegs

Das Kind tippt blind mit seinem Stift auf die Zeitung und sieht nach, auf welchen Buchstaben sein Stift zeigt. Dieser Buchstabe ist der Anfangsbuchstabe aller gesuchten Wörter, die in die Tabelle eingetragen werden sollen. Es stellt den Küchenwecker und findet so schnell wie möglich passende Worte – der Wecker tickt! Ist der Anfangsbuchstabe beispielsweise ein „B", können die Lösungen folgendermaßen lauten:

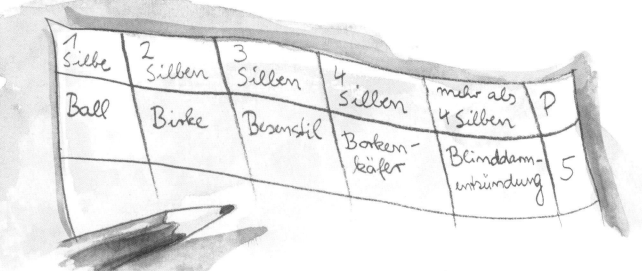

Variante

Alle Kinder starten gemeinsam mit dem gleichen Buchstaben. Das Kind, das als erstes vier Lösungen gefunden hat, ruft „*fertig*" und sofort müssen alle Kinder aufhören zu schreiben. Sie vergleichen die Anzahl der gefundenen Wörter und tragen ihre erreichten Punkte in der letzten Spalte ein, bevor die nächste Runde beginnt.

Hinweis: Geübtere und ältere Kinder erweitern die Tabelle um die Spalten „5 Silben", „6 Silben" usw.

Lese-Kopfstand

Alter: ab 8 Jahren
Material: Zeitung oder Buch mit großer Schrift

Das Kind legt die Zeitung oder das Buch verkehrt herum vor sich hin, sodass der Text auf dem Kopf steht. Schafft es das Kind, einen Satz oder sogar einen ganzen Abschnitt zu lesen, ohne einen Fehler zu machen? Und weiß es im Anschluss auch noch, was es eigentlich gelesen hat?

Hinweis: Ein Kind sollte schon gut lesen können, bevor es dieses Spiel ausprobiert. Es fördert Konzentration und Lesefertigkeit.

Im Haus und unterwegs

Wörterdomino

Alter: ab 8 Jahren
Material: evtl. 1 Taschentuch

Alle Kinder sitzen im Kreis. Durch Losen wird ein Kind bestimmt, das beginnt (s. S. 16). Es nennt ein zusammengesetztes Hauptwort, z.B. „Haustür". Sein Nachbar bildet nun aus dem zweiten Teil des Wortes möglichst schnell ein neues zusammengesetztes Hauptwort, z. B. „Türschloss". So wird reihum gespielt. Während ein Kind an der Reihe ist, zählen alle anderen Kinder leise und langsam bis zehn. Fällt einem Kind innerhalb dieser Zeit kein zusammengesetztes Hauptwort ein, scheidet es aus oder muss ein Pfand geben.

Das Wörterdomino könnte folgendermaßen fortgeführt werden: „Türschloss" – „Schlossgarten" – „Gartenblume" – „Blumentopf" – „Topfdeckel" ...

Variante

Mehr Bewegung kommt ins Spiel, wenn das Kind, das ein zusammengesetztes Hauptwort nennt, einem beliebigen Kind ein verknotetes Taschentuch zuwirft. Wer das Taschentuch auffängt, nennt das nächste Wort und wirft das Taschentuch weiter.

Professor Superschlau

Bei diesem Spiel werden Wortschatz und Wissen der Kinder erweitert.

Alter: ab 7 Jahren
Material: Kinderlexikon; evtl. Papier, Stifte

Ein Kind wird durch Auszählen (s. S. 14) zum „Professor Superschlau".

Es sucht aus dem Kinderlexikon einen Begriff heraus und gibt ihn bekannt. Alle anderen Kinder überlegen sich innerhalb einer bestimmten Zeit eine witzige, aber plausibel erscheinende Definition. Professor Superschlau belohnt die lustigste Variante mit einem Punkt.

Bevor er sein Amt an den Rundengewinner übergibt, liest er die richtige Bedeutung aus dem Lexikon vor.

Im Haus und unterwegs

Pausenspiele – schnell mal zwischendurch

Pausenspiele sollten zu fast jeder Gelegenheit und an fast jedem Ort gespielt werden können. Deshalb ist es wichtig, dass nur wenig Material und Vorbereitung nötig ist, denn nur so dienen die Spiele als schneller Zeitvertreib. Meist kann das Spiel jederzeit unterbrochen und zu einem späteren Zeitpunkt wieder aufgenommen werden.

Körperkonzert

 Alter: ab 4 Jahren

Ein Kind wird durch Losen zum „Konzertmeister" gewählt (s. S. 16). Die anderen Kinder wenden ihm den Rücken zu und schließen die Augen.

Der Konzertmeister spielt die verschiedensten Körperinstrumente und seine ZuhörerInnen raten, wie das Geräusch entstanden ist. Beispiele: Backen aufblasen und darauf klatschen, sodass die Luft laut entweicht, mit den Fingern schnippen, mit der Zunge schnalzen, in die Hände klatschen, Luft einsaugen, pfeifen …

Wer richtig rät, wird der nächste Konzertmeister und lässt ein Körperinstrument erklingen.

Knieklatsch

 Alter: ab 5 Jahren

Handklatschspiele sind bekannt und beliebt, und ganz ähnlich funktioniert der Knieklatsch:

Zwei Kinder sitzen einander möglichst dicht Knie an Knie gegenüber. Ein Kind

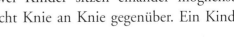

75

Im Haus und unterwegs

beginnt und klatscht mit der linken Hand auf das eigene linke Knie, dann mit der rechten Hand auf das eigene rechte Knie, mit der linken Hand auf das linke Knie des Gegenübers (also überkreuz) und mit der rechten Hand auf das rechte Knie des Gegenübers, dann wieder auf die eigenen Knie ...

Nach ein paar langsamen Einführungsrunden wird die Geschwindigkeit immer mehr gesteigert, bis die Hände durcheinander geraten und die Reihenfolge nicht mehr stimmt. Jetzt ist das andere Kind an der Reihe.

Beherrschen die Kinder die Klatschabfolge, erfinden sie ihren eigenen Knieklatsch.

Hinweis: Der Knieklatsch lässt sich besonders gut während einer Zugfahrt spielen.

Drückerduell

 Alter: ab 4 Jahren

Je zwei Kinder treten gegeneinander an, die möglichst gleich groß sind.

Sie stellen sich einander so gegenüber, dass sich ihre Zehen oder die Spitzen ihrer Schuhe berühren. Sie legen ihre Handflächen aneinander, zählen zusammen bis „drei" und beginnen gleichzeitig zu drücken. Ziel ist es, den Gegner nur durch das Drücken mit den Händen so aus dem Gleichgewicht zu bringen, dass er ins Wanken kommt und einen Schritt nach hinten machen muss. Spielen mehrere Paare gleichzeitig, treten die Sieger der einzelnen Duelle wieder gegeneinander an, bis ein endgültiger Sieger feststeht.

Lachen verboten!

Alter: ab 4 Jahren

Je zwei SpielpartnerInnen sitzen einander gegenüber und sehen sich an.

Jedes Kind schneidet lustige Grimassen, um sein Gegenüber zum Lachen zu bringen. Auch der Einsatz der Hände ist zum Grimassenschneiden erlaubt. Wer zuerst lacht, hat verloren.

Der Sieger sucht sich einen neuen Spielpartner und stellt erneut seine Selbstbeherrschung auf die Probe.

Von Tauben und Schnecken

Alter: ab 5 Jahren
Material: evtl. 1 Augenbinde

Ein Kind schließt die Augen. Das andere Kind setzt eine beliebige Anzahl „Tauben" (Fingerspitzen) auf dessen Kopf. Kann das Kind fühlen, wie viele Tauben auf seinem Kopf sitzen? Hat es richtig geraten, tauschen die Kinder die Rollen.

Variante für jüngere Kinder

Einem Kind werden die Augen verbunden und die anderen Kinder legen eine oder beide Hände auf seinen Körper, etwa auf die Schulter, das Knie usw. Errät das Kind, von wie vielen „Schnecken" (Händen) es gleichzeitig berührt wird?

Spiegelspazierfahrt

Alter: ab 8 Jahren
Material: großes Blatt Papier, dicke Stifte, 1 kleiner Spiegel zum Aufstellen; evtl. 1 Stoppuhr

Vorbereitung:

Auf ein Blatt Papier malt das Kind eine Strecke für seine Spazierfahrt. Die Strecke soll einen eindeutigen Start- und einen Zielpunkt haben, dazwischen verläuft sie in Kurven und Windungen. Das Blatt wird auf den Tisch gelegt und der Spiegel so dazu gestellt, dass die gesamte Strecke im Spiegel zu sehen ist.

Spielablauf:

Mit einem andersfarbigen Stift fährt das Kind die Spazierstrecke nach, wobei es nicht auf das Blatt, sondern nur auf das Spiegelbild schauen darf. Gelangt es zum Zielpunkt, ohne vom Weg abzukommen?

 Im Haus und unterwegs

Wenn es einige Zeit geübt hat, misst es mit einer Stoppuhr die Zeit, um sich selbst zu übertreffen.

Hinweis: Es geht in erster Linie um Genauigkeit und nicht um Schnelligkeit. Eine ausgezeichnete Übung für die Auge-Hand-Koordination!

Mücken fangen

 Alter: ab 7 Jahren
Material: Papier, Filzstifte

Vorbereitung:

Je zwei Kinder nehmen sich ein Blatt Papier und teilen es in zwei Spielfelder. Jeder platziert auf seinem Spielfeld zehn Mücken, indem er zehn Punkte auf das Papier malt. Zusätzlich malt jedes Kind einen etwas größeren Startpunkt in sein Feld.

Spielablauf:

Die Kinder setzen abwechselnd ihren Stift auf ihren Startpunkt und ziehen ihn schwungvoll über das Papier auf das gegnerische Spielfeld, um die Mücken des anderen zu treffen. Berührt der gezogene Strich eine Mücke seines Spielpartners, gilt diese als gefangen. Wer zuerst alle Mücken seines Gegenübers gefangen hat, gewinnt.

Schlangenzucht

 Alter: ab 4 Jahren
Material: alte Zeitungen

Das Kind reißt aus Zeitungspapier möglichst lange Schlangen. Es kann sich immer weiter zur Mitte des Papiers vorarbeiten oder hin und her reißen – jedes Kind entwickelt seine eigene Technik, um die längsten Schlangen zu züchten. Mit ein wenig Übung und Geduld wird es sicher bald MeisterIn im Schlangenzüchten!

Einkaufen mit Hindernissen

Dieses Spiel lässt sich jederzeit und an jedem Ort spielen. Es fördert die Konzentration und die sprachliche Gewandtheit.

 Alter: ab 8 Jahren
Material: kleine Steinchen oder Erbsen o. Ä.

Je zwei Kinder finden sich zusammen und eines von ihnen beginnt das Spiel mit folgendem Spruch: *„Ich schenke dir ein Centstück. Du kannst damit kaufen, was du willst. Kein Ja, kein Nein, kein Schwarz und kein Weiß. Was hast du gekauft?"* Dabei gibt es seinem Spielpartner fünf Stein-

Im Haus und unterwegs

chen in die Hand. Das zweite Kind überlegt sich kurz einen Gegenstand und antwortet: *„Das verrate ich nicht."*

Um den Gegenstand zu erraten, stellt das erste Kind seinem Partner verschiedene Fragen, die es möglichst geschickt formuliert, um den Geheimniskrämer dazu zu bringen, mit *„ja"* oder *„nein"*, *„schwarz"* oder *„weiß"* zu antworten. Immer wenn sich das befragte Kind verplappert und eines dieser Worte ausspricht, muss es ein Steinchen abgeben. Hat es keine Steinchen mehr übrig, muss es verraten, was es gekauft hat, wenn sein Partner dies nicht schon zuvor errät. Danach tauschen die Kinder die Rollen.

Meine Tasche ist so schwer

Alter: ab 5 Jahren

Ein Kind beginnt das Spiel mit dem Satz: *„Meine Tasche ist so schwer, ich trag' darin einen Elefanten umher."* Das nächste Kind wiederholt den Satz seines Vorgängers und ergänzt ihn mit einem neuen Gegenstand, den es in seiner Tasche umherträgt, also etwa: *„Meine Tasche ist so schwer, ich trag' darin einen Elefanten und ein Klavier umher."* So geht es reihum immer weiter, bis jeder etwas in die Tasche gepackt hat oder bis ein Kind einen Fehler macht oder etwas vergisst. Dieses Kind scheidet aus und die anderen Kinder spielen so lange weiter, bis nur noch ein Kind übrig ist.

Variante für ältere Kinder

Die Kinder packen ihre Tasche nach dem Alphabet! Zum Beispiel: *„Meine Tasche ist so schwer, ich trage darin einen **A**meisenbär und ein **B**ett und ein **C**embalo umher."* Es ist gar nicht so leicht, zu jedem Buchstaben einen passenden Gegenstand zu finden.

79

Spiele im Freien

Spiele im Freien

Meist macht Kindern das Spiel im Freien Spaß – sie finden fast immer selbst eine Möglichkeit, sich zu beschäftigen, und nur selten bleiben sie untätig oder langweilen sich gar. Bei Regenwetter oder Kälte haben sie manchmal keine große Lust draußen zu spielen. Richtig gekleidet aber stärkt das Spiel im Freien bei (fast) jeder Witterung den Organismus und schadet Kindern keineswegs.

Wenn Kinder allein rausgehen, ist es wichtig, einige Regeln mit ihnen zu besprechen, etwa wie weit sie sich vom Haus entfernen dürfen oder wo Gefahren durch Straßenverkehr lauern. Machen wir diese Regeln Kindern plausibel und besprechen sie gemeinsam, werden sie schnell akzeptiert und Kinder gehen zuverlässig damit um. So können sie sich (ohne Aufsicht) selbstständig und sicher draußen bewegen.

Kurze Spiele für jeden Tag

In vielen Kindergärten gehen die Kinder noch kurz vor der Abholzeit in den Garten, es lohnt sich kaum noch, ein ausgiebiges Spiel zu beginnen, weil es vielleicht schon bald abgebrochen werden muss. Und auch zu Hause gehen Kinder oft noch kurz vors Haus oder in den Garten, etwa bevor es Essen gibt. Auch wenn wenig Zeit bleibt, gibt es noch viele Möglichkeiten zu spielen!

Naturbetrachtungen

Wenn ein Kind aufmerksam durch den Garten oder den Wald spaziert, entdeckt es bestimmt viele interessante Dinge. Bei Ausflügen in die Natur und natürlich auch im Garten können Kinder zu kurzen Naturbetrachtungen angeregt werden.

 Alter: ab 4 Jahren
Material: evtl. Augenbinde, Papier, Wachsmalstifte, (Becher-)Lupe, Grashalme

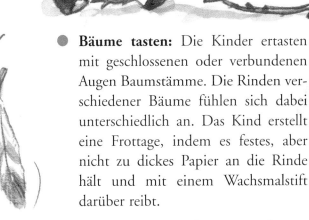

- **Bäume tasten:** Die Kinder ertasten mit geschlossenen oder verbundenen Augen Baumstämme. Die Rinden verschiedener Bäume fühlen sich dabei unterschiedlich an. Das Kind erstellt eine Frottage, indem es festes, aber nicht zu dickes Papier an die Rinde hält und mit einem Wachsmalstift darüber reibt.

- **Die Natur unter die Lupe nehmen:** Wie sieht Baumrinde, ein Blatt, ein Grashalm, eine Blüte ... unter der Lupe aus? Besonders spannend ist es, kleine Tiere wie Ameisen oder Käfer unter der (Becher-)Lupe zu beobachten.

- **Graspfeifenkonzert:** Das Kind legt einen Grashalm zwischen seine beiden Daumen, klemmt ihn ein und spannt ihn leicht. Wenn es über die Kante des Halmes zwischen den Daumen bläst, kann es interessante, zirpende und pfeifende Töne erzeugen. Mit dem Üben dieser Technik können sich Kinder lange Zeit beschäftigen.

Naturbilder

Alter: ab 4 Jahren
Material: Naturmaterialien (Steinchen, Schneckenhäuser, Äste, Gräser, Blätter ...); evtl. 1 Schale mit Wasser

Das Kind sammelt möglichst viele verschiedene Naturmaterialien und legt sie zu Bildern zusammen. So entstehen die verschiedenartigsten Muster, Tiere, Menschen, ein Haus ...

Wenn Kinder sich vom Material inspirieren lassen, können immer neue Ideen entstehen und umgesetzt werden. Mit kleinen Steinen werden zunächst Umrisse vorgelegt, dann stellen weitere Steine Augen oder ein Blatt den Mund dar, Gräser verwandeln sich in Haare usw.

Hinweis: Kinder waschen z.B. Steine und Muscheln gerne, bevor sie damit Bilder legen. Steht eine Schüssel mit Wasser bereit, können sie sich schon mit dieser Vorarbeit lange und ausdauernd allein beschäftigen.

Spiele im Freien

Schattenbilder

Alter: ab 6 Jahren
Material: Asphaltfläche, Straßenkreiden, verschiedene Gegenstände (Fahrzeuge, Puppen…)

Für diese Beschäftigung wird vor allem Sonnenschein benötigt:

Das Kind stellt einen Gegenstand in die Sonne auf den Asphalt und zeichnet den Schatten des Gegenstandes nach. Wenn noch Zeit bleibt, malt das Kind seine Schattenbilder aus.

Hinweis: Am Anfang müssen die Kinder etwas üben, bis sie den Schattenriss nicht mit ihrem eigenen Schatten überdecken, bald haben sie aber den Dreh raus.

Variation

Ein Kind stellt sich auf den Asphalt, sodass sein Schatten auf den Boden fällt. Ein anderes Kind malt den Umriss des Schattens nach. Gemeinsam malen die Kinder den Schattenriss an.

Kinder haben Spaß daran, eine ganze Kette von Kindern zu malen, die sich die Hand reichen. Oder soll es so aussehen, als würde ein Kind auf den Schultern des anderen Kindes stehen?

Schätze sammeln

Alter: ab 4 Jahren
Material: leere Streichholzschachteln

Das Kind nimmt ein paar leere Streichholzschachteln mit nach draußen. Es macht sich auf die Suche nach vielen kleinen Schätzen, die es in die Schachteln stecken kann: schöne Steine, eigenartige Blätter, hübsche Blüten, leere Schneckenhäuser, kleine Federn … Kein Gegenstand soll doppelt vorkommen.

Hat das Kind alle Schachteln gefüllt, betrachten Sie mit ihm gemeinsam seine Schätze.

Spiele im Freien

Grashalmziehen

Eine interessante Variante des Tauziehens, bei dem es nicht auf Kraft, sondern auf Fingerspitzengefühl ankommt!

 Alter: ab 5 Jahren
Material: Grashalme

Jedes Kind sucht sich einen Grashalm. Ein Kind legt beide Enden seines Halmes übereinander und klemmt sie zwischen Daumen und Zeigefinger. Das andere Kind führt seinen Halm durch die so entstandene Schlinge und hält auf die gleiche Weise beide Enden fest. Beide Kinder zählen gemeinsam bis drei und beginnen vorsichtig zu ziehen. Wer den Halm des Gegners zerreißt oder seinen eigenen Halm nicht mehr halten kann, hat verloren.

Rätselhafte Geräusche

 Alter: ab 4 Jahren
Material: 2 Kassettenrekorder

Die Kinder teilen sich durch Losen in zwei Gruppen (s. S. 16). Jede Gruppe macht sich mit einem Kassettenrekorder auf den Weg in den Garten oder in die nähere Umgebung und nimmt verschiedene Geräusche auf (Autos, Traktor, Kinderstimmen, Hundegebell, Vogelzwitschern ...). Nach einiger Zeit versammeln sich alle Kinder wieder und spielen sich gegenseitig ihre Bänder vor. Erraten die anderen Kinder, um welche Geräusche es sich handelt?

Kastanienkönigln

 Alter: ab 5 Jahren
Material: Laub und jede Menge Kastanien, Mützen, Stofftaschen

Unter großen, alten Kastanienbäumen liegen im Herbst jede Menge Kastanien und ebenso viel Laub.

83

Spiele im Freien

Die Kinder schließen die Augen oder ziehen sich die Mütze über das Gesicht, und schon kann die blinde Kastaniensuche beginnen. Die gefundenen Kastanien sammeln die Kinder in ihren Stofftaschen und zählen dabei mit. Wer als Erster zehn Kastanien gefunden hat, ruft laut: „KastanienkönigIn".

Löwenzahnlocken

Alter: ab 4 Jahren
Material: Löwenzahn, Schere, 1 Schüssel mit Wasser;
evtl. (nicht zu scharfes) Küchenmesser

Das Kind pflückt mehrere Löwenzahnblumen und schneidet die Löwenzahnstängel in verschieden lange Stücke.

Die Stängelenden ritzt es mit dem Fingernagel oder einem Messer mehrmals längs ein und legt die Stängel dann in das Wasser.

Jetzt wird's spannend: Nach und nach rollen die eingeritzten Stängelteile sich ein und es entstehen lustige „Löwenzahnlocken". Das sieht witzig aus und so mancher konnte schon gar nicht mehr aufhören, immer neue Löwenzahnfrisuren zu kreieren ...

Hochstapelei

Alter: ab 4 Jahren
Material: jede Menge flache Steine

Das Kind sucht möglichst viele flache Steine und stapelt sie vorsichtig aufeinander, immer höher und höher. Wie viele Steine kann es zu einem Turm stapeln, bevor er zusammenbricht? Mit etwas Übung kann das Kind sich selbst überbieten.

Variante

Die Kinder setzen sich ein Zeitlimit: Wer schafft am schnellsten die meisten Steine heran und baut damit den höchsten Turm?

Achtung:

● Der Saft der Löwenzahnstängel ist giftig, also nicht die Finger in den Mund stecken!

● Der Saft hinterlässt auf der Kleidung Flecken, die sich nur schwer oder gar nicht mehr auswaschen lassen, deshalb dieses Spiel nur mit alter Kleidung spielen!

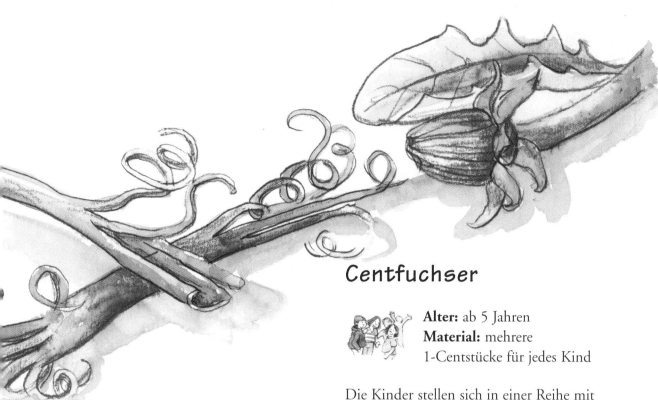

Straßenvermesser

Alter: ab 4 Jahren

Von der Haustüre ausgehend ermittelt das Kind verschiedene Schritt-Entfernungen: Ist der Weg zur Schaukel vor dem Haus oder der zum Sandkasten hinter dem Haus weiter? Wie viele Schritte sind es bis zur Haustür des Nachbarn? Welcher Weg ist weiter, der zu Frau Maier oder der zu Herrn Müller?

Variante

Die Kinder geben Schätzungen und Prognosen ab, wie viele Schritte sie für einen bestimmten Weg brauchen. Wer kommt dem tatsächlichen Ergebnis am nächsten?

Centfuchser

Alter: ab 5 Jahren
Material: mehrere 1-Centstücke für jedes Kind

Die Kinder stellen sich in einer Reihe mit etwas Abstand zu einer Hauswand auf. Einer nach dem Anderen wirft seinen Cent an die Hauswand. Ziel ist es, den Cent so vorsichtig zu werfen, dass er möglichst dicht an der Hauswand liegen bleibt.

Das Kind, dessen Centstück der Hauswand am nächsten ist, darf alle anderen Cents einsammeln. Es legt sie in einem kleinen Turm auf seinen Handrücken und schleudert sie so vorsichtig in die Luft, dass es möglichst viele davon durch eine schnelle, geschickte Handbewegung erwischen kann. Die Centstücke, die dabei auf dem Boden landen, sammelt das Kind auf, dessen Cent am zweitnächsten an der Mauer gelandet ist. Auf die gleiche Weise fängt es möglichst viele Cents auf usw.

Hinweis: Ein Spiel, das auch ältere Kinder mit großer Ausdauer spielen – sogar Taxifahrer verkürzen sich damit hin und wieder ihre Wartezeiten an Sommerabenden – dann allerdings mit Eurostücken.

Spiele im Freien

Gurgelkonzert

Dieses Spiel muss nicht zwangsläufig draußen gespielt werden – wenn sich aber jemand verschluckt, gestaltet sich das Ausspucken wesentlich einfacher!

Alter: ab 5 Jahren
Material: 1 Glas Wasser pro Kind

Alle Kinder nehmen sich ein Glas Wasser und üben das Gurgeln.

Ein Kind wird durch Auslosen bestimmt (s. S. 16). Es nimmt einen großen Schluck Wasser und beginnt die Melodie eines bekannten Kinderliedes zu gurgeln. Wer zuerst errät, um welches Lied es sich handelt, trägt das nächste Kinderlied gurgelnd vor.

Für heiße Sommertage

Schwammdrücken

Alter: ab 3 Jahren
Material: mehrere Becher oder kleine Schüsseln, Schwämme; evtl. Plantschbecken

Schon ganz kleinen Kindern bereitet es viel Vergnügen, mit Wasser und Schwämmen und ein paar Gefäßen zu hantieren – sie können sich damit sehr ausdauernd allein beschäftigen:

Sie schütten Wasser von einem Gefäß zum anderen oder versuchen große Schüsseln zu füllen. Sie lassen Wasser aus einem Becher auf den Schwamm tropfen und beobachten, wie es aufgesogen wird und scheinbar verschwindet. Oder sie lassen umgekehrt durch Drücken des Schwammes Wasser in einen leeren Behälter tropfen, bis dieser schließlich gefüllt ist und sogar überläuft …

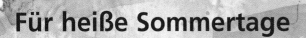
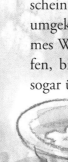

Spiele im Freien

Variante ab 5 Jahren

Jedes Kind erhält einen Schwamm und einen Becher (die Becher sollten gleich groß sein).

Wenn kein Planschbecken vorhanden ist, stellen die Kinder eine große Wasserschüssel in die Mitte. Alle tauchen ihren Schwamm ins Wasser und drücken ihn über ihrem Becher aus. Wer hat seinen Becher am schnellsten gefüllt?

Bei der zweiten Runde stellen die Kinder ihre Becher mit etwas Abstand zum Planschbecken auf, sodass mit dem triefenden Schwamm noch ein Stück Weg zurückgelegt werden muss ...

Wassermalerei

Alter: ab 3 Jahren
Material: kleine Kindergießkanne, Asphaltfläche

Das Kind füllt seine Gießkanne und macht sich auf einer Asphaltfläche ans Werk: Es malt mit dem Wasserstrahl Bilder, z.B. verschiedene Muster, Wasserblumen, eine Unterwasserlandschaft, einen Vulkanausbruch ...

Bald kann es beobachten, wie seine Wassermalereien wieder verschwinden.

Spritz-Tischball

Alter: ab 4 Jahren
Material: Badesachen, Gartentisch, Klebeband, 2 Eimer Wasser, 1 Wasserspritze pro Kind, 1 Jogurtbecher

Vorbereitung:

Auf dem Tisch markieren die Kinder mit dem Klebeband eine Mittellinie und auf jeder Seite nahe am Tischrand eine Startlinie. Auf jeder Seite des Tisches steht ein mit Wasser gefüllter Eimer.

Spielablauf:

Durch Losen bilden die Kinder zwei Teams (s. S. 16). Alle Kinder sind mit einer gefüllten Wasserspritze ausgerüstet, die sie an ihrem Eimer nachfüllen können. Die Kinder stellen den Joghurtbecher als Ball auf die Mittellinie und stellen sich an ihrer Tischseite auf.

Gemeinsam zählen die Kinder bis drei: Sofort spritzt jedes Team von seiner Seite auf den Becher, um ihn über die Startlinie des gegnerischen Teams zu treiben. Fällt der Becher seitlich vom Tisch, wird er einfach an dieser Stelle wieder aufgestellt. Jedes Überschreiten der gegnerischen Startlinie wird als Punkt gewertet und der Becher danach wieder in die Mitte gestellt. Welches Team erzielt als erstes fünf Punkte?

Spiele im Freien

Nachbars Garten

Alter: ab 5 Jahren
Material: Badesachen, Rasenfläche, 1 langes Seil, Wasserbomben

Die Kinder unterteilen die Wiese in zwei gleich große Felder (Gärten) und bilden durch Losen zwei Gruppen (s. S. 16). Jede Gruppe bereitet mind. zehn Wasserbomben vor und legt sie in ihrem Spielfeld bereit.

Beide Gruppen wollen nun ihren Garten von Unrat (Wasserbomben) befreien. Damit es schnell geht, werfen sie ihren eigenen Unrat einfach in Nachbars Garten. Schafft es eine Gruppe, ihren Garten für einen Moment komplett leer zu fegen?

Meist entsteht eine lustige Spritzerei, bei der es den Kindern gar nicht mehr darum geht, ihren „Garten" zu säubern, sondern möglichst viele Wasserbomben zum Platzen zu bringen.

Ist der Untergrund sehr weich, sodass die Wasserbomben nicht so leicht platzen, wird die Spielzeit begrenzt: Am Ende werden die noch gefüllten Wasserbomben in beiden Gärten gezählt. Gewinner ist, wer am wenigsten „Unrat" in seinem Garten hat.

Feuerwehr-Handschuh

Der Feuerwehrschlauch ist kaputt – und ausgerechnet jetzt brennt es! Da hilft alles nichts, das Wasser muss auf andere Weise transportiert werden: in einem Feuerwehrhandschuh!

Alter: ab 4 Jahren
Material: Badesachen, Gummihandschuh, Schere, 1 Eimer Wasser, 1 Gummiring

Vorbereitung:

Die Kinder schneiden in die Fingerspitzen des Handschuhs mit der Schere kleine Löcher.

Spielablauf:

Die Kinder spielen Feuerwehrleute und stellen sich in zwei Reihen versetzt einander gegenüber auf.

Am Anfang der Reihe steht ein mit Wasser gefüllter Eimer. Das Kind, das dem Eimer am nächsten steht, nimmt den Gummihandschuh, füllt ihn im Eimer mit Wasser und verschließt ihn oben schnell mit dem Gummiring. Flott wirft es den Handschuh seinem Gegenüber zu. Der fängt den ungewöhnlichen Wassertransportbehälter auf und wirft ihn ebenso fix zu dem Mitspieler, der schräg gegenüber steht. So saust der Feuerwehr-Handschuh

88

Spiele im Freien

im Zickzack zwischen den Reihen hin und her und alle werden so richtig nassgespritzt.

Durch wie viele Feuerwehrhände wandert der Handschuh, bis er leer ist? Die Kinder zählen bei jedem Wurf laut mit, um sich beim nächsten Durchgang steigern zu können.

Wer den Handschuh zum Schluss einer Runde nur noch leer entgegennimmt, wird der neue Handschuhfüller.

Hinweis: Richtig prall voll wird der Handschuh, wenn er an einem Wasserhahn gefüllt wird.

Oberkellner

Alter: ab 5 Jahren
Material: 1 langes Seil, 2 Jogurtbecher, 1 Tablett

Vorbereitung:

Die Kinder legen das Seil in Kurven auf den Boden. Sie füllen beide Jogurtbecher mit Wasser und stellen sie auf das Tablett. Ein Kind wird durch Auszählen zum „Oberkellner" bestimmt (s. S. 14) und bekommt das Tablett mit den Bechern in die Hand.

Spielablauf:

Der Ober balanciert mit den „Getränken" auf dem Seil entlang, ohne daneben zu treten oder etwas zu verschütten. Jüngere Kinder halten das Tablett mit beiden Händen fest, während ältere Kinder es gleich ganz perfekt auf der flachen Hand balancieren.

Am Ende der Strecke wartet ein Gast, der jetzt zum Ober wird und die gleiche Strecke zurück geht. Wer von den Kindern schafft die Strecke, ohne dass sein Tablett nass wird?

89

In Schnee und Eis

Sobald der erste Schnee gefallen ist, sind Kinder kaum noch zu halten: Sie bauen den ersten Schneemann, toben sich bei einer Schneeballschlacht aus, rodeln oder fahren Ski und sind richtig ausgelassen. Sollte es einem Kind aber doch einmal langweilig werden, gibt es auch noch andere Möglichkeiten, sich im Winter die Zeit zu vertreiben.

Spuren im Schnee

 Alter: ab 5 Jahren

Das Kind sucht sich eine unberührte Schneefläche, um dort Spuren zu legen. Dazu stapft es in einem Bogen oder in Kurven quer über die Fläche. Am Ende seines Weges dreht es sich um und geht den Weg in seinen eigenen Fußstapfen zurück, sodass es aussieht, als wäre es den Weg nur einmal gegangen. Wer's schafft, läuft dabei sogar rückwärts!

Schüsselrennen

 Alter: ab 4 Jahren
Material: 2 große Plastikschüsseln pro Kind; evtl. Skistöcke

Die Kinder markieren im Schnee eine Start- und eine Ziellinie. Alle stellen sich an der Startlinie auf, wobei jeder Fuß in einer Plastikschüssel stehen muss. Gemeinsam zählen die Kinder bis drei, und schon geht's los mit dem Schüsselrennen: Wer schafft es als Erster mit beiden Schüsseln an den Füßen durch die Ziellinie?

Hinweis: Mit Skistöcken ist es leichter, die Balance zu halten.

Schneebilder

 Alter: ab 6 Jahren

Ein Kind malt ein Bild in den Schnee, indem es die Umrisse einer beliebigen Figur in den hohen, unberührten Schnee stapft, z.B. einen Schneemann, ein Haus, einen Stern ... Die anderen Kinder raten, um was es sich bei dem Schneebild handelt. Wer es zuerst errät, malt das nächste Schneebild.

Adler und Engel im Schnee

 Alter: ab 4 Jahren

Das Kind legt sich mit dem Rücken in eine unberührte Schneefläche und lässt Engel entstehen, indem es die Arme auf und ab bewegt und die Beine auseinander und zusammen führt. Besonders schön sieht es aus, wenn mehrere Engel in einer Engel-Parade nebeneinander im Schnee entstehen.

Ein Schneeadler entsteht, wenn die Arme ebenfalls auf und ab bewegt werden für die Flügel. Die Beine dagegen werden direkt gespreizt in den Schnee gedrückt: Daraus entstehen die Schwanzfedern des Schneeadlers.

Fällt den Kindern noch etwas ein, wie sie im Neuschnee durch Abdrücke neue Figuren entstehen lassen können – einen Käfer, eine Maus oder eine Spinne vielleicht?

Weihnachts-Schneemann

Sobald es schneit, muss einfach ein Schneemann im Garten stehen. Etwas besonderes ist ein Weihnachts-Schneemann!

 Alter: ab 5 Jahren
Material: 1 rote Zipfelmütze, Watte, Äste, Kohlen oder Steine, Karotte, Geschenkband, Äpfel, Tannenzweige

Der Schneemann wird wie gewohnt aus drei Kugeln gebaut.

Anstatt eines Hutes erhält er eine rote Zipfelmütze und aus der Watte entsteht ein langer, weißer Bart. Zu seinen Füßen formt das Kind Geschenkpäckchen aus Schnee, um die es das Geschenkband schlingt. Auf dem Rücken des Weihnachts-Schneemannes formt das Kind aus Schnee einen großen Sack – oben heraus schauen Äpfel und Tannenzweige ...

Anhang
Spiele-Register

Adler und Engel im Schnee	91
Affenzirkus	35
Allerlei Getier	43
Aschenputtel	68
Ball-ABC	47
Becherball	57
Berg-und-Tal-Bahn	55
Besenball	44
Blind wählen	19
Blitzlicht	65
Bodenputzer	44
Bonbonlotterie	19
Bücherwurm	20
Buchstabendetektive	70
Centfuchser	85
Crememalereien	25
Der arme Ritter Kunibert	24
Die Lieblingskuh	15
Doppelt gemoppelt	61
Dosenwerfen	38
Drückerduell	76
Druckerei	29
Durchreibebilder – Frottagen	32

Ein Hut, ein Stock, ein himmelblauer Unterrock	45
Einkaufen mit Hindernissen	78
Ene mene dubladene	15
Fallschirm	60
Farb-Elfmeter	27
Farben mischen	27
Farben und Formen	54
Feuerwehr	67
Feuerwehr-Handschuh	88
Fideritz und Fideratz	15
Finger- und Händedruck	28
Fingerspiele	23
Flohspiel	54
Froschjagd	48
Fußmalerei	28
Gefüllte Kalbsbrust	71
Geschenkpapier	62
Gespenster und Hexen	61
Glücksbeutel	36
Grashalmziehen	83
Grimassenschneiden	25
Grußkarten mit Wunderblumen	63
Gurgelkonzert	86

Spiele-Register

Hausschuhe vertauschen	33		Oberkellner	89
Hochstapelei	84		Obstkorb	36
			Obstsalat	37
Karten ziehen	16		Ochs-Esel	17
Kastanienbahn	59			
KastanienkönigIn	83		Pappteller-Masken	60
Klecksbilder	29		Pfannentennis	50
Knieklatsch	75		Pi-Pa-Purzelbaum	15
Kniffelei	65		Pitsch und Patsch	24
Knistern, rascheln, reißen, schnipseln	30		Professor Superschlau	74
Knitterbilder	31		Purzelbaumrekord	49
Knobeln	16			
Körperkonzert	75		Rätselhafte Geräusche	83
Kreisel	58		Rüben kochen	15
Kuhschwanz	69			
			Sachensucher	21
Lachen verboten!	77		Sackhüpfen	40
Lastesel	66		Sandbilder	52
Lese-Kopfstand	73		Schatten fangen	43
Löffelschnappen	48		Schattenbilder	82
Löwenzahnlocken	84		Schätze sammeln	82
Luftballon-Kicker	42		Schlangenzucht	78
			Schlüsselverstrickung	67
Mäuse, Flöh' und Wanzen	15		Schneebilder	90
Meeresungeheuer	45		Schnüre ziehen	19
Meine Tasche ist so schwer	79		Schuhe suchen	33
Memory-Spiele	52		Schüsselrennen	90
Mücken fangen	78		Schüttelglas	57
Murmelfußball	59		Schüttelwörter	70
			Schwammdrücken	86
Nachbars Garten	88		Seilziehen verkehrt	49
Nashornrennen	47		SilbenkönigIn	72
Naturbetrachtungen	80		Slalom	48
Naturbilder	81		Sockenquiz	34
			Spaß-Collagen	31
			Spiegelspazierfahrt	26

Spiegelspielereien	26	Wassermalerei	87
Spinnennetz	65	Weckersuche	21
Spritz-Tischball	87	Weihnachts-Schneemann	91
Spuren im Schnee	90	Wer rupft, wer zupft?	34
Steckspiel	62	Wettlauf durchs Moor	46
Steinchen in die Dose	38	Wettläufe und Hindernisrennen	39
Steinreich	16	Wettnageln	37
Straßenvermesser	85	Wolkenkino	22
Streichholzturm	68	Wörterdomino	74
Tastmemory	53	Zoobesuch	35
Tierfamilien	18	Zungenbrecher	69
Verkleidungsmarathon	66		
Von Tauben und Schnecken	77		

Die Autorin

Johanna Friedl, Ausbildung als Erzieherin, Tätigkeiten in einer Einrichtung für geistig Behinderte und im Kindergarten. Sie leitet Eltern-Kind-Gruppen und gibt Elternkurse zu Kleinkind- und Vorschulthemen. Sie hat regelmäßig Beiträge für „Spielen und Lernen" verfasst sowie zahlreiche Elternratgeber und Spielebücher.

Der Fachverlag für gruppen- und spielpädagogische Materialien

Ökotopia Verlag und Versand

Fordern Sie unser
kostenloses Programm an:

Ökotopia Verlag
Hafenweg 26 · D-48155 Münster
Tel.: (02 51) 48 19 80 · Fax: 4 81 98 29
E-Mail: info@oekotopia-verlag.de

Besuchen Sie
unsere Homepage!
Genießen Sie
dort unsere Hörproben!

http://www.oekotopia-verlag.de
und www.weltmusik-fuer-kinder.de

Inseln der Entspannung
Kinder kommen zur Ruhe mit 77 phantasievollen Entspannungsspielen

ISBN: 3-931902-18-8

Voll Sinnen spielen
Wahrnehmungs- und Spielräume für Kinder ab 4 Jahren

ISBN: 3-931902-34-X

Schmusekissen Kissenschlacht
Spiele zum Toben und Entspannen

ISBN: 3-925169-50-4

Auf dem Blocksberg tanzt die Hex'
Spiele, Geschichten und Gestaltungsideen für kleine und große Hexen

ISBN: 3-931902-19-6

Eltern-Turnen mit den Kleinsten
Anleitungen und Anregungen zur Bewegungsförderung mit Kindern von 1 - 4 Jahren

ISBN: 3-925169-89-X

Wi-Wa-Wunderkiste
Mit dem Rollreifen auf den Krabbelberg – Spiel- und Bewegungsanimation für Kinder ab einem Jahr
Mit einfachen Materialien zum Selberbauen

ISBN: 3-925169-85-7

Kritzeln-Schnipseln-Klecksen
Erste Erfahrungen mit Farbe, Schere und Papier und lustige Ideen zum Basteln mit Kindern ab 2 Jahren in Spielgruppen, Kindergärten und zu Hause

ISBN: 3-925169-96-2

Große Kunst in Kinderhand
Farben und Formen großer Meister spielerisch mit allen Sinnen erleben

ISBN: 3-931902-56-0

Kunst & Krempel
Fantastische Ideen für kreatives Gestalten mit Kindern, Jugendlichen und Erwachsenen

ISBN: 3-931902-14-5

Laß es spuken
Das Gruselbuch zum Mitmachen

ISBN: 3-931902-01-3

Wunderwasser
Singen kann doch jeder
Lieder, Tänze, Spiele und Geschichten aus dem Kinderwald

ISBN (Buch): 3-931902-65-X
ISBN (CD): 3-931902-66-8

Spiel & Spaßaktionen
Lustige und spannende Fantasie-Abenteuer-Spiele für Kids

ISBN: 3-931902-63-3

Kinder spielen Geschichte

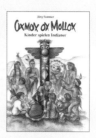

Floerke + Schön
Markt, Musik und Mummenschanz
Stadtleben im Mittelalter
Das Mitmach-Buch zum Tanzen, Singen, Spielen, Schmökern, Basteln & Kochen
ISBN (Buch): 3-931902-43-9
ISBN (CD): 3-931902-44-7

G. + F. Baumann
ALEA IACTA EST
Kinder spielen Römer

ISBN: 3-931902-24-2

Jörg Sommer
OXMOX OX MOLLOX
Kinder spielen Indianer

ISBN: 3-925169-43-1

Bernhard Schön
Wild und verwegen übers Meer
Kinder spielen Seefahrer und Piraten
ISBN (Buch): 3-931902-05-6
ISBN (CD): 3-931902-08-0

Im KIGA, Hort, Grundschule, Orientierungsstufe, offene Kindergruppen, bei Festen und Spielnachmittagen

Auf den Spuren fremder Kulturen

Die erfolgreiche Reihe aus dem Ökotopia Verlag

H.E. Höfele, S. Steffe
Der wilde Wilde Westen
Kinder spielen Abenteurer und Pioniere
ISBN (Buch): 3-931902-35-8
Wilde Westernlieder und Geschichten
ISBN (CD): 3-931902-36-6

P. Budde, J. Kronfli
Karneval der Kulturen
Lateinamerika in Spielen, Liedern, Tänzen und Festen für Kinder

ISBN (Buch): 3-931902-79-X
ISBN (CD): 3-931902-78-1

Sybille Günther
iftah ya simsim
Spielend den Orient entdecken

ISBN (Buch): 3-931902-46-3
ISBN (CD): 3-931902-47-1

Kinderweltmusik im Internet
www.weltmusik-fuer-kinder.de

H.E. Höfele, S. Steffe
In 80 Tönen um die Welt
Eine musikalisch-multikulturelle Erlebnisreise für Kinder mit Liedern, Tänzen, Spielen, Basteleien und Geschichten
ISBN (Buch): 3-931902-61-7
ISBN (CD): 3-931902-62-5

Gudrun Schreiber, Chen Xuan
Zhong guo ...ab durch die Mitte
Spielend China entdecken

ISBN: 3-931902-39-0

D. Both, B. Bingel
Was glaubst du denn?
Eine spielerische Erlebnisreise für Kinder durch die Welt der Religionen

ISBN: 3-931902-57-9

M. Rosenbaum, A. Lührmann-Sellmeyer
PRIWJET ROSSIJA
Spielend Rußland entdecken

ISBN: 3-931902-33-1

G. Schreiber, P. Heilmann
Karibuni Watoto
Spielend Afrika entdecken

ISBN (Buch): 3-931902-11-0
ISBN (CD): 3-931902-12-9

Miriam Schultze
Sag mir, wo der Pfeffer wächst
Spielend fremde Völker entdecken
Eine ethnologische Erlebnisreise für Kinder

ISBN: 3-931902-15-3